THE BEST OF

BARS
&
RESTAURANTS

THE BEST OF BARS & RESTAURANTS

Compilado por/Edited by
Hugo Montanaro
Guillermo Raúl Kliczkowski
Javier Penacca Pérez
Diana Veglo, Andrea Birgin

KLICZKOWSKI PUBLISHER

THE BEST OF
BARS
&
RESTAURANTS

Editor / Publisher:
Guillermo Raúl Kliczkowski

Departamento de Arte / Art Department:
Haydée S. Barrionuevo

Diseño Gráfico / Graphic Design:
Guillermo Raúl Kliczkowski

Traducción / Translation:
Marina Mercer, Walter Seward

I.S.B.N. 950-9575-86-0
Dep. Legal: M-35.680-1998
Este libro es una reimpresión de las revistas
CASAS INTERNACIONAL Nº 37, 49, 51, 53

Distribución / Distributed by:
A Asppan S.L.
C/ de la Fundición, 15. Polígono Industrial Santa Ana
28529 Rivas Vaciamadrid, Madrid - España/Spain
Tel. 34 91 666 5001, Fax 34 91 301 2683
E-mail: asppan@asppan.com - www.onlybook.com

Printed in Spain
Impreso en: Artes Gráficas Grupo S.A.
Nicolas Morales 40 - Madrid - España

THE BEST OF BARS & RESTAURANTS

INDICE / INDEX

ENTRE BARES Y RESTAURANTES

AMONG BARS AND RESTAURANTS

POR / BY LUIS J. GROSSMAN

ILUSTRADOR / ILLUSTRATOR
COCO RASDOLSKY

Para todos los habitantes de grandes ciudades, o quienes se criaron en barrios populosos, la evocación de un bar trae consigo una imagen juvenil, un fresco y tierno recuerdo de la adolescencia. Porque tal como lo expresan poemas populares, "de chiquilín te miraba de afuera, como esas cosas que nunca se alcanzan".

Las primeras experiencias delante de la mesa de un café, en ocasiones junto a nuestro padre, o con un grupo de compañeros de bachillerato, o (ésta es sin duda la más imborrable) con la primera novia, forman parte de aquellos episodios grabados de manera indeleble en nuestra historia personal.

Es imposible para mí olvidar que las primeras discusiones en torno del arte moderno, o la poesía, o la filosofía presocrática o la más cercana de Martín Heidegger, transcurrieron en las mesas del café El Cóndor, o en el Suárez, o en el Querandí, y así sucesivamente.

Puede ser en Buenos Aires lo mismo que en París o en Montevideo, en Ginebra o en Rosario, pero la atmósfera tibia y rumorosa del café es un escenario apropiado para tertulias en las que se dictan y se reciben lecciones de vida y cursos especializados de arte y política, historia y sociología.

De todos modos, y como memoria más cercana al redactar este texto a propósito de la hermosa selección de ejemplos compilada por los editores, recordé un episodio vivido hace ya unos 20 años.

Había por entonces un bar al 1000 de la calle Suipacha, que se llamaba Blue Horse. Solíamos cruzar desde nuestra oficina para tomar café con algunos colaboradores y amigos, por lo general a media tarde. Y allí, en la penumbra del salón que todavía no invadía la concurrencia del té de las 5, estaba fumando delante de una taza de café negro, Clorindo Testa*.

Hubiera sido inútil saludarlo, porque tenía la mirada fija en el vacío y estaba ensimismado. Yo solía entonces decir en voz baja a mis contertulios: "Silencio, Clorindo está proyectando...". Porque era evidente que en esa mirada que atravesaba objetos y personas, envuelta en el humo del tabaco, se estaba gestando una de las creaciones que muy pronto se premiaría en alguno de los concursos a los que se presentaba nuestro colega y amigo.

¿Qué había en ese ambiente calmo y estimulante, que no hubiera en su estudio, situado muy cerca, cruzando la calle? La respuesta a esta pregunta merecería un estudio fenomenológico de Gastón Bachelard o de Juan José Sebreli. Mientras tanto, intentaré un reconocimiento cercano de este recinto en proceso de cambio y puesta al día: el café-bar y el restaurante.

For all inhabitants of large cities, or those brought up in populated neighborhoods, the idea of a bar brings to mind a youthful image, a fresh and warm memory of adolescence. Because, as popular poems have expressed it, "..as a child I looked in from outside, like those things that one never can reach".

One's first experiences seated at a table in a cafe, sometimes with one's father, or with a group of high school companions, or (this is no doubt the strongest memory) with one's first girlfriend, form part of those episodes which remain permanently fixed in our personal history.

It is impossible for me to forget that the first discussions about modern art, or poetry, or presocratic philosophy or Martin Heidegger, took place at the table of the cafe El Condor, or in the Suarez, or in the Querandí, and so on.

It might be in Buenos Aires, or in Paris or Montevideo, in Geneva or Rosario, but the warm and murmuring atmosphere of the cafe is an appropriate background for social gatherings in which lessons of life, or specialist courses on art and politics, history and sociology, are taught and learnt.

Nevertheless, the most recent memory which I recalled while writing this text for the beautiful selection of examples put together by the editors, is an episode experienced about 20 years back.

There existed at the time a bar on the 1000 block of Suipacha Street, which was called Blue Horse. We used to go across from our office to have a coffee with some colleagues and friends, generally in mid-afternoon. And there, in the shadows of the room not yet invaded by clients for 5 o'clock tea, was Clorindo Testa* smoking over a cup of black coffee.

It would have been pointless to say hello to him, because he had his eyes fixed on space and was lost in thought, I used to say then in a hushed voice to my companions: "Silence, Clorindo is designing...". Because it was evident that in that gaze which looked through objects and people, wrapped in tobacco smoke, he was conceiving one of the creations which soon would be prized in another of the competitions in which our colleague and friend participated.

What was there in that calm and stimulating atmosphere, that could not be found in his studio, located very close by, across the road? The answer to this question would deserve a phenomenological analysis by Gaston Bachelard or Juan Jose Sebreli. Meanwhile, I shall attempt a close reconnaissance of this recinct currently undergoing a process of change and updating: the cafe-bar and restaurant.

❑ Hay que aclarar que, en nuestro idioma, el vocablo café designa a una semilla, a la infusión que se prepara con esa semilla tostada y molida, y al sitio público donde se prepara y se bebe esa infusión. Es ciertamente raro esto de que un lugar reciba el nombre de la bebida sin alteración alguna, porque fue recién en los Estados Unidos donde se formó la voz *cafeteria* (pronunciada *cafitíria*) para darle nombre a un despacho de café y otras bebidas, pero entre nosotros es **café** a secas, y de ella se derivó después *cafetín*, y *cafetucho*, para terminar en la forma más usual en el Río de la Plata, que es *café-bar*.

Este mágico recinto fue adquiriendo rasgos mitológicos, y esto casi sin reconocer fronteras, al punto de ser elegido como escenografía para obras literarias y teatrales, para filmes, para canciones y poesías, sin omitir la presencia del café-bar y el restaurante en la plástica, con dibujos y pinturas antológicas.

En el teatro argentino hay una pieza teatral contemporánea (El viejo criado, de Roberto Cossa) en la que un bar es el ámbito en el que los protagonistas permanecen mientras a su alrededor transcurren los episodios históricos que abarcan muchas décadas de historia del país. Es al mismo tiempo un espejo que refleja la vida íntima de los personajes y el acontecer colectivo del pueblo.

Pero este bar situado en una esquina de Buenos Aires tiene su gemelo –más allá de las diferencias culturales– en las célebres pinturas de Edward Hopper, con esas frías y luminosas escenas de bares nocturnos con sus solitarios habitantes.

O en las pinturas de Cézanne o Renoir, en las páginas de Ernest Hemingway o Julio Cortázar o Juan Carlos Onetti, o en las mesas en las que sobrevive el sufrido personaje de Sostiene Pereira según el escenario que dibujó Antonio Tabucchi, en la Lisboa de entreguerra.

Camilo José Cela lo llamó "La colmena", y en su interior se trenzaban tertulias y debates, se cantaba y se discutía con ardor, lo mismo que se discutía en "Les deux magots" de París o en la Plaza Mayor de Madrid, en El Molino o en El Tropezón de Buenos Aires o en bares y restaurantes de Montevideo, de Roma o de Munich.

Y permítaseme cerrar este capítulo con unas líneas resumidas de una nota que le dedicó Clorindo Testa al pintor-arquitecto Coco Rasdolsky en ocasión de una exposición de pinturas que tenían como tema central "Los bares de Buenos Aires" en agosto de 1997:

"Te diría –escribía Clorindo– que estuve sentado en casi todas esas sillas. Eran cafés muy cómodos, amables, que te ayudaban a pensar y donde era facilísimo proyectar. Los proyectos salían solos. Si los cafés no hubieran sido esos, tan bien pintados, con buenos colores, creo que no hubiera pasado nada...".

Sin caer en nostalgias paralizantes y estériles, habría que rescatar los rasgos valiosos de esos recintos inolvidables, para que aún con otros materiales y otros muebles, con otra iluminación y otras vajillas, sobreviviera aquella atmósfera cálida e inspiradora, ese clima hospitalario y convocante que Clorindo Testa evoca como un lugar "que te ayudaba a pensar". Lo que no es poca cosa.

Buenos ejemplos

La modernidad de los diseños que conforman la mayor parte de esta suerte de antología de bares y restaurantes no implica necesariamente su pertenencia a aquella fisonomía abstracta y fría que se asocia por lo general –y es una simplificación difícil de evitar– con esa tendencia formal.

Esta salvedad puede verificarse en el Pizza Banana de San Isidro (proyecto de Martín Luppo), un restaurante resuelto con medios muy austeros –recuérdese que se construyó sobre la base de una antigua caballeriza– y que ofrece un espacio cálido con mucho verde.

Un caso análogo es el que propone el Solar del Juramento, un lugar de gran calidad espacial y expresiva en el que los arquitectos Begher y Gonçalves lograron una singular sugestión gracias a un inteligente manejo de la luz, los colores y las texturas.

Los arquitectos Kicherer y Bardach se consagraron de modo casi excluyente al proyecto y construcción de locales gastronómicos, aplicando en su diseño criterios de avanzada en lo formal y nuevos conceptos en cuanto al uso del espacio.

En los inicios de la década del 90, cuando en la capital de Cataluña se ponía de moda una forma de paseo denominada "ir de bares de diseño" (llamando así a los locales que se distinguían por sus rasgos novedosos), Kicherer y Bardach presentaron un negocio de reducidas dimensiones que se incorporaba a aquella modalidad catalana, y lo llamaron *Barcelona Café,* dotándolo de las características (formas, materiales, ilumianción, equipamiento) que distinguían a los bares de esa ciudad.

Situado en un barrio populoso y distinguido de Buenos Aires (Belgrano), el Barcelona Café fue uno de los pilares que provocaron un contagio en los propietarios de muchos cafés argentinos, no siempre para bien.

Por su parte, los arquitectos Cuesta y Ureta lograron en un terreno muy estrecho (Restaurante Como) una secuencia figurativa de gran riqueza que, a partir de un sagaz juego planteado en el ingreso, despliega una suceción de atractivas imágenes.

Dentro de la misma línea proyectual se ubica La Caballeriza de Puerto Madero (diseñado por los arquitectos Bodas-Miani-Anger), esta vez en un recinto mucho más amplio, cálido y vegetal.

De un tratamiento más pulcro en cuanto al acabado y los materiales, el Odeón Bar de los arquitectos Benadón-Berdichevsky-Cherny ofrece un espacio dinámico, pulido y expansivo acorde con las expectativas de un público joven de buena posición. Y en una línea semejante, el restaurante Puerto Sorrento (Pablo y Mariana Cardin-Hernán Díaz) revela también un peculiar refinamiento en la organización del espacio y los detalles, con cautivantes vistas hacia los diques.

El buen criterio aplicado en cuanto a la acústica en Puerto Sorrento (tema éste lamentablemente poco atendido en nuestros locales gastronómicos, lo que desluce a veces brillantes trabajos de interiorismo) es también perceptible en Columbus, del estudio Falcón y Asociados, que utiliza telas suspendidas a modo de cielorrasos fonoabsorbentes.

En una operación proyectual basada en el uso de las escalas y una geometría envolvente, los arquitectos Pfeifer y Zurdo intentan recuperar el clima de las "confiterías" (clásica denominación argentina de ciertos establecimientos que se diferencian de los cafés y bares por ciertos detalles de mayor refinamiento y distinción) con la ayuda de luces y colores: es en el Dock Café de Puerto Madero.

Un conjunto en el que el Restaurante Cholila (Sánchez Elía y Ballester) exalta la tibieza del ambiente con vistas al entorno y también a la muy bien resuelta cocina.

Un empresario de éxito, Manuel Antelo, recordaba con nostalgia sus días de juventud en el Museo Renault de París. Fue entonces que al llegar a la presidencia de esa compañía en Buenos Aires se propuso crear en esa ciudad un lugar que reuniera el clima sugestivo de aquel local parisino.

Y a fe que lo logró, con la invalorable contribución de los arquitectos Diego Félix San Martín y Martín Lonné, con Raúl Rica como arquitecto asociado. El estudio, con un espacio de dimensiones infrecuentes (casi 100 metros de frente sobre la avenida Figueroa Alcorta por 14 metros de fondo) desarrolló una secuencia espacial de notable calidad.

La meta que se había fijado Antelo –ofrecer un ámbito de características tecnológicas y estéticas de

Me must explain that, in our language, the word "cafe" designates a seed, the infusion which is prepared with that seed, toasted and ground, and the public place where that infusion is prepared and drunk. It is certainly unusual that a house should receive the name of the drink without any alteration, because it was only in the United States where the word "cafeteria" was formed to name a dispatch of coffee and other beverages, but with us it is simply "**cafe**", and from here *"cafetín"*, and *"cafetucho"* developed, to end in the most usual form in the River Plate, which is *"cafe-bar"*.

This magical recinct has gone acquiring mythological characteristics, almost without national boundaries, to the point of being chosen as the setting of literary works, plays, movies, songs and poems, without forgetting the presence of the cafe-bar and the restaurant in art, with anthological drawings and paintings.

In Argentinean theater there is a contemporary piece (*El viejo criado*, by Roberto Cossa) in which the bar is the ambiance in which the protagonists remain while around them historical episodes take place covering many decades of the country's history. It is a mirror which reflects at the same time the private life of the characters and the collective events of the population.

But this bar located on a corner of Buenos Aires has its twin –beyond cultural differences– in the celebrated paintings of Edward Hopper, with those cold and bright scenes of night bars with their solitary inhabitants.

Or in the paintings of Cezanne or Renoir, in the pages of Ernest Hemmingway or Julio Cortázar or Juan Carlos Onetti, or in the tables at which the suffering character of Sostiene Pereira survives according to the scene drawn by Antonio Tabucchi in Lisbon between the two wars.

Camilo José Cela called it "The bee-hive", and inside late nights and debates intertwined, there was singing and heated arguments, about the same subjects as were discussed in "Les deux magots" in Paris or in the Plaza Mayor in Madrid, in El Molino or in El Tropezón in Buenos Aires or in bars and restaurants in Montevideo, Rome or Munich.

And allow me to close this chapter with a few lines extracted from an article which Clorindo Testa dedicated to the architect-painter Coco Rasdolsky on the occasion of a painting exhibition which had as its main theme "The bars of Buenos Aires" in August 1997:

"I could tell you –wrote Clorindo– that I have sat in almost all those chairs. They were very comfortable, amiable cafes, which helped one to think and where it was very easy to design. The projects appeared of their own accord. If the cafes had not been those, so well painted, with good colors, I don't think anything would have happened...".

Without falling into paralyzing and sterile nostalgia, we should rescue the valuable features of those unforgettable places, so that even with other materials and other furniture, with other lighting and other plates, that warm and inspiring atmosphere should survive, that hospitable and inviting feel which Clorindo Testa evokes as a place which "helped you to think". Which is no small thing.

Good Examples

The modernity of the designs which conform the larger part of this anthology of bars and restaurants does not necessarily imply their belonging to that abstract and cold style which is generally associated –and it is a simplification which is difficult to avoid– with that formal trend.

This can be verified in the Pizza Banana in San Isidro (designed by Martín Luppo), a restaurant resolved with sparse resources –remember it was built on the basis of an old stable– and which offers a warm space with much greenery.

A similar case is that proposed by the Solar del Juramento, a place of great spatial and expressive quality in which architects Begher and Gonçalves produced a suggestive solution thanks to an intelligent use of light, colors and textures.

Architects Kicherer and Bardach have dedicated themselves almost exclusively to the design and construction of eating places, applying to their design the latest formal criteria and new concepts with regards the use of space.

At the start of the nineties, when in the capital of Catalonia a new fashionable outing was established known as "doing the design bars" (giving this name to bars which were noted for their novelty design features), Kicherer and Bardach presented a unit of reduced dimensions which fitted into that Catalan concept. And they called it *Barcelona Café*, giving it the characteristics (forms, materials, lighting, fittings) which distinguish that city's bars.

Located in a busy and up-market neighborhood of Buenos Aires (Belgrano), the Barcelona Café was one of the pillars of a style which spread to the owners of many Argentinean cafes, not always with good results.

On their part, architects Cuesta and Ureta managed within a very narrow site (Restaurant Como) a figurative

❑ avanzada que no renunciara a la calidez que se espera de ese ambiente– fue ampliamente alcanzada.

Nadie duda que los franceses son viejos expertos en esta temática, la que se expresa desde hace siglos a través de los cafés literarios, los piano-bares y los restaurantes, muchos de ellos de alto nivel. Es por eso que la selección de este volumen se hace más abarcadora y polifacética con la incorporación de ejemplos recientes de Francia.

El Café Beaubourg, por ejemplo, es un lujo espacial en el que se puede debatir sobre filosofía o literatura como se hacía en Les Deux Magots. Así se lo propuso Christian de Portzamparc y el resultado es todo un logro. Pese al refinamiento en el uso de materiales y detalles, no puede decirse lo mismo del Café de la Música de Elizabeth de Portzamparc.

Un signo de admiración debiera acompañar al Restaurante del Teatro de los Campos Elíseos, una estupenda obra de Franck Hammoutène que se mira a sí misma mientras sus visuales sobrevuelan los techos de París.

El restaurante F'estín (de las arquitectas Isabelle Poulain y Catherine Lauvergeat) nos retrotrae a un diseño de otras dos arquitectas (Roxana Kompel y Gretel Manusia), proyecto éste que prefiero porque resolvió con gracia y levedad la adaptación de un hemiciclo para shows en un lugar de encuentro y placer.

Es impactante la atmósfera del Bar Barfly, un atractivo bar-restaurante-musical (Cancio Martins y Schönert), y el mismo Cancio Martins, esta vez con François Wapler, diseñó con gracia y destreza el Buddha Bar.

Un párrafo aparte, en el final de este apartado, para señalar el sello moderno y señorial que exhibe el Restaurante Pierre Gagnaire de Saint Etienne.

A pesar de los prejuicios que exhiben en este asunto muchos comentaristas aficionados, la realidad indica que en los Estados Unidos, más allá del estereotipo de los mundialmente divulgados *fast foods*, hay lugares de gran calidad ambiental en los que se puede encontrar aunados un buen servicio y una excelente arquitectura y amoblamiento.

El estudio Morsa (Antonio Morello y Donato Savoie, arquitectos) demuestra la validez de nuestra afirmación en el restaurante neoyorquino Arquá, donde una gran simplicidad y severidad, basada en el protagonismo del color y la luz –cálida adentro y neutra-fría afuera– califican el lugar.

En la misma atmósfera refinada y vanguardista de Nueva York se destaca el Donald Sacks, situado en ese distrito tan especial que es el Financial Center, donde las líneas brillantes de bronce pulido dibujan un espacio virtual debajo del gran techo vidriado del atrio.

Para retornar a los aires italianos que tan bien maneja este estudio, hay que pasar por el Soho de Manhattan, donde está el Barolo, esta vez con arcos de acero que subrayan el lenguaje austero de los arquitectos.

La inefable silueta de la isla, que el cine difundió a través de todo el planeta aparece invertida en el cielorraso del Hard Rock Café de Madrid, donde Carlos Langdon apela al repertorio figurativo de estos locales, cuyos argumentos se repiten en muchas ciudades del mundo.

También en la capital española, el Rib's exhibe un estilo extremadamente moderno y cálido, con un lenguaje dinámico que traducen sus formas y colores.

Por su parte, en el Capital Café se capta un gran ejercicio creativo, una lección proyectual dictada sobre un pequeño espacio de 3 metros de ancho por 23 de largo (¡?) y donde los autores, quebrando paralelismos y con un agilísimo ritmo espacial logran un lugar que se conjuga con texturas y colores.

Forma y contenido

Jorge Luis Borges, al hablar de una antología, decía que no era mucho más que "un museo de las simpatías y diferencias de quien la compilaba", y aunque en este caso no me tocó ser el seleccionador de las obras presentadas, las juzgo muy representativas de lo que hoy puede entregar el diseño en materia de bares y restaurantes.

Otra vez con Borges, cuando él cita a Benedetto Croce (quien no admitía diferencia alguna entre el contenido y la forma), dice que "ésta es aquél y aquél es ésta". Forma y contenido eran unívocos en los cafés de nuestra juventud, y nadie los concebía sino como una unidad indisoluble de forma y contenido, lugares acogedores donde podía distraerse la soledad áspera de una tarde de domingo.

Pues bien, más allá de los gestos exteriores, puedo suponer –por lo que se aprecia en dibujos y fotografías– que en muchos de los ejemplos aquí reproducidos (tal como lo sugiere Portzamparc en sus palabras) podrá anudarse un romance y se trenzarán los grupos en discusiones políticas o en hondas cavilaciones en torno de la vida y de la muerte, el amor y la traición, el placer y el dolor.

Si esto sigue siendo posible, está a salvo el espíritu que distingue al café y al bodegón de cualquier otro lugar. Y uno podrá, aunque no sea Clorindo Testa, escribir algunos versos o proyectar una obra delante de una taza de fragante infusión negra. Que así sea.

* Clorindo Testa, arquitecto argentino de reconocida trayectoria.

sequence of great richness which, based on an astute game established at the entrance, displays a succession of attractive images.

Within the same line of design we find La Caballeriza of Puerto Madero (designed by architects Bodas-Miani-Anger), this time within a much larger recinct, warm and green.

With a neater treatment with regards finishes and materials, the Odeon bar by architects Benadón-Berdichevsky-Cherny offers a dynamic, polished and expansive space adequate for the expectations of a young public of good income. And on a similar line, the Puerto Sorrento Restaurant (Pablo and Marina Cardin-Hernán Díaz) also reveals a peculiar refinement in the organization of the space and the details, with captivating views towards the docks.

The good criteria applied to the acoustics in Puerto Sorrento (a subject sadly unattended in our eating places, which often spoils some brilliant interior designs) can also be perceived in Columbus, by the practice Falcón y Asociados, where suspended fabric is used in the form of noise absorbent ceilings.

In a design operation based on the use of scale and an all-encompassing geometry, architects Pfeiffer and Zurdo attempt to recover the atmosphere of the "confiterías" (classical Argentinean name for certain establishments which differ from cafes and bars by certain distinction and more refined details) with the help of lights and colors: this is in the Dock Cafe in Puerto Madero.

A complex in which the Restaurante Cholila (Sánchez Elía and Ballester) highlights the warmth of the room with views onto the surroundings and also onto the kitchen which is very well resolved.

A successful businessman, Manuel Antelo, recalled with nostalgia the days of his youth in the Renault Museum in Paris. Therefore on reaching the presidency of that company in Buenos Aires he decided to create a place in this city which should reflect the suggestive atmosphere of that Parisian space.

And he definitely managed it, with the invaluable contribution of architects Diego Félix San Martin and Martin Lonné, with Raul Rica as associated architect. The practice, with a space of unusual dimensions (almost 328 feet of frontage on Figueroa Alcorta Avenue by 46 feet deep) developed a spatial sequence of remarkable quality.

The goal which Antelo had set himself –to offer an ambiance of the latest technology and *avant-garde* aesthetics, without renouncing the warmth which can be expected in such a place– was fully attained.

Nobody doubts that the French are old experts on this subject, which has been expressed over the centuries through literary cafes, piano-bars and restaurants, many of them of very high level. This is why the selection in this volume becomes wider more multifascetic with the inclusion of recent examples from France.

The Café Beaubourg, for example, is a spatial luxury in which one can debate about philosophy or literature as was done in Les Deux Magots. This was the intention of Christian de Portzamparc and the result is a total success. In spite of the refinement in the use of materials and details, the same cannot be said of the Music Cafe by Elizabeth de Portzamparc.

An exclamation mark should accompany the Restaurant of the Champs Elysees Theater, a wonderful work by Franck Hammoutène which looks in on itself while its views fly over the roofs of Paris.

The restaurant F'estín (by architects Isabelle Poulain and Catherine Lauvergeat) takes us back to a design by two other architects (Roxana Kompel and Gretel Manusia), a project which I prefer because it resolved with grace and lightness the adaptation of a hemicycle for shows into a place for meeting and pleasure.

The atmosphere of the Bar Barfly is striking, an attractive musical-bar-restaurant (Cancio Martins and Schönet), and Cancio Martins himself, this time with François Wapler, designed the Buddha Bar with grace and ability.

A separate paragraph, at the end of this section, to point out the modern and aristocratic seal displayed by the Restaurant Pierre Gagnaire of Saint Etienne.

In spite of the prejudices which many amateur critics display on this subject, reality indicates that in the United States, putting aside the stereotype of their world famous fast-foods, there are places of great interior quality in which one can find the combination of good service and excellent architecture and furnishing.

The Morsa practice (Antonio Morello and Donato Savoie, architects) demonstrates the validity of our statement in the New York restaurant Arquá, where great simplicity and severity, based on the protagonism of color and light –warm inside and neutral-cold outside– qualify the place.

Within the same refined and avant-garde atmosphere of New York we must mention the Donald Sacks, located in this very special district which is the Financial Center, where the brilliant lines of polished bronze draw a virtual space below the large glazed roof of the atrium.

To return to the Italian airs which are so well applied by this practice, one must go through the Soho in Manhattan, where we find the Barolo, this time with steel arches which underline the austere language of the architects.

The ineffable silhouette of the island which movies have broadcast throughout the planet appears upside-down on the ceiling of the Hard Rock Cafe in Madrid, where Carlos Langdon resorts to the figurative repertoire of the chain, the arguments of which are repeated in many cities around the world.

Also in the Spanish capital, Rib's displays an extremely modern and warm style, with a dynamic language expressed by its shapes and colors.

On the other hand, in the Capital Cafe we perceive a great creative exercise, a design lesson dictated upon a small space 10 feet wide by 75 long (¡?) and where the authors, breaking parallelisms and with a rapid rhythm, produce a place which fuses textures and colors.

Form and content

Jorge Luis Borges, when describing an anthology, said that it was not much more than "a museum of the sympathies and deferences of whoever compiled it", and although in this case it was not my job to select the presented works, I judge them to be very representative of what the design of bars and restaurants has to offer today.

Once again with Borges, when he quotes Benedetto Croce (who would not admit any difference between content and form), he says that "this (the content) is the other (the form) and the other is this". Form and content were one and the same in the cafes of our youth, and nobody conceived them other than as an inseparable unit of form and content, inviting places where the rough loneliness of a Sunday afternoon could be distracted.

Well then, beyond external gestures, I can presume –from what can be seen in photographs and drawings– that in many of the examples presented here (as Portzamparc suggests) a romance may be born and groups shall entangle themselves in political arguments or in deep reflections about life and death, love and treason, pleasure and pain.

If this is still possible, the spirit which distinguishes the cafe and "*bodegón*" from any other place is safe. And one may, in spite of not being Clorindo Testa, write a few verses or design a building in front of a cup of fragrant black infusion. May it be so.

* Clorindo Testa, Argentinean architect of recognized career.

"**E**ste café es un concentrado de vida urbana: lugar público, lugar de encuentro naturalmente.

Hay mucha gente. Pero, para mí, es también un lugar en dónde uno debe poder estar solo... Yo he realizado el Café Beaubourg pensando en eso. El principio es que la mirada pueda flotar y moverse, girar, que uno no tenga la sensación de sentirse inmóvil, atrapado.

Se debe poder elegir entre ver, ser visto o protegerse, poder esconderse".

El café Beaubourg ha sido construido reuniendo y recuperando las cargas de cuatro edificios siguiendo una red en forma de rombo con ocho columnas ahusadas que absorben la irregularidad de los edificios e instalan una gran nave central bordeada de otras laterales más bajas y de balcones.

El movimiento en espiral ascendente de una escalera y de una pasarela atraviesan esta nave en un travelling circular.

La vida pública se desarrolla entre el centro y los costados. El teatro social y el refugio individual, la intimidad, el placer de poder elegir su lugar y relacionarse solo con el mundo.

Christian de Portzamparc inscribió una serie de puntuaciones y de ritmos en el muro de piedra y pintó un fresco en el fondo de la nave que prolonga el vacío central.

Este sitio que era aislado y desierto por la noche, se transformó en un lugar de encuentros, con mucha vitalidad, donde la gente puede sentirse bien; algunos conversan, otros miran, otros trabajan. La arquitectura puede contribuir también a producir todo ésto.

CAFE BEAUBOURG

ARQUITECTO / ARCHITECT:
CHRISTIAN DE PORTZAMPARC
COLABORADORES / COLLABORATORS:
PETR OPELIK, JOHN COYLE, ARQUITECTOS / ARCHITECTS
ILUMINACION / ILLUMINATION:
GERALD KARLIKOFF
FOTOGRAFIAS / PHOTOGRAPHIES:
NICOLAS BOREL
FOTOGRAFIA ARQUITECTO / ARCHITECT PHOTOGRAPHIE:
FRANCESCA MANTOVANI
UBICACION / LOCATION:
43, RUE SAINT-MERRI, PARIS
AREA DEL PROYECTO / BUILDING AREA:
530 m² / 1,740 S.F.
AÑO DEL PROYECTO / PROJECT DESIGN:
1985
AÑO DE CONSTRUCCION / PROJECT CONSTRUCTION:
1985

"**T**his café is a concentrate of urban life: a public place, a natural meeting place.

There are many people. But, for me, it is also a place where one must be able to be alone...I have designed the Beaubourg Café thinking of this. The principle is that one's gaze should be able to float and move, turn, that one should not have the sensation of feeling immobile, trapped.

One must have the choice of seeing, being seen or protecting oneself, being able to hide".

The Beaubourg Café has been built by combining and redirecting the loads of four buildings, following a network in the shape of a diamond with eight tapered columns. These absorb the irregularity of the buildings and install a large central nave bordered by other lower naves and balconies on the sides.

The upward spiral movement of a stair and walkway run through this nave in a circular traveling movement.

Public life takes place in the center and the sides. The social theater and the individual refuge, intimacy, the pleasure of being able to choose one's place and relate with the world as an individual.

Christian de Portzamparc inscribed a series of punctuations and rhythms on the stone wall and painted a fresco at the rear of the nave, which prolongs the central void.

This place, which was isolated and deserted at night, has become a meeting place, full of vitality, where people can feel good; some chat, others look, others work. Architecture can also contribute to producing all this.

plus replié discret sans
train d'écouter de s'en
couler de tourner monter
mer voler soleil cœur
point de cœur passant
il va falloir rester réveillé
nant absolument réveillé
rentrée répétée le
quitter ce cœur
temps qu'il se mette enfin
il voudra quand il
dure ou douce façon qu'il
bien peu de choses en
ce pas poussière de

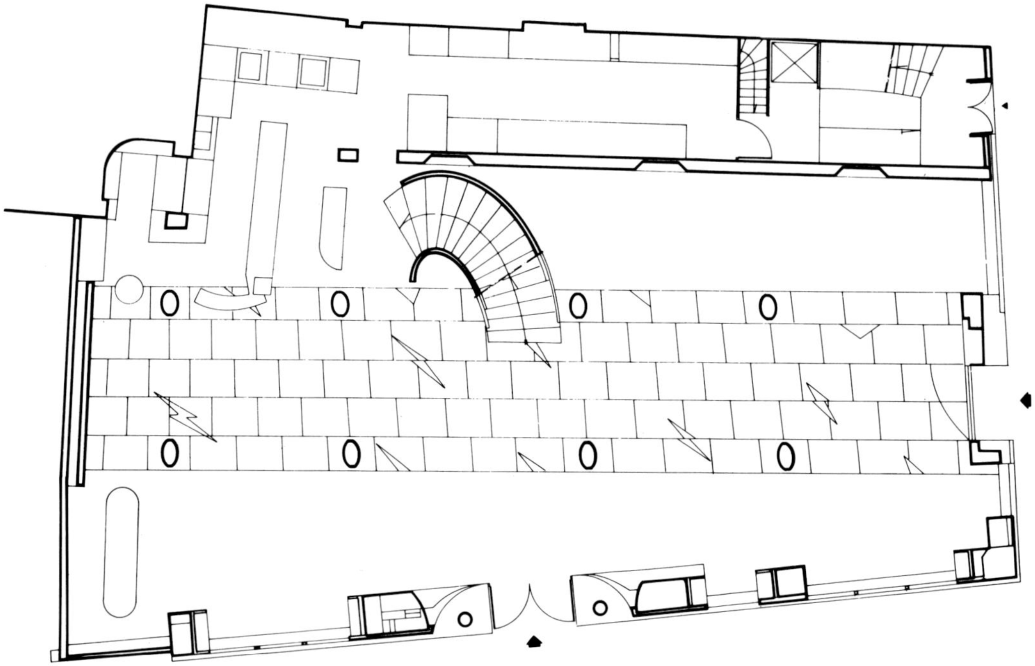

PLANTA BAJA / FIRST FLOOR PLAN

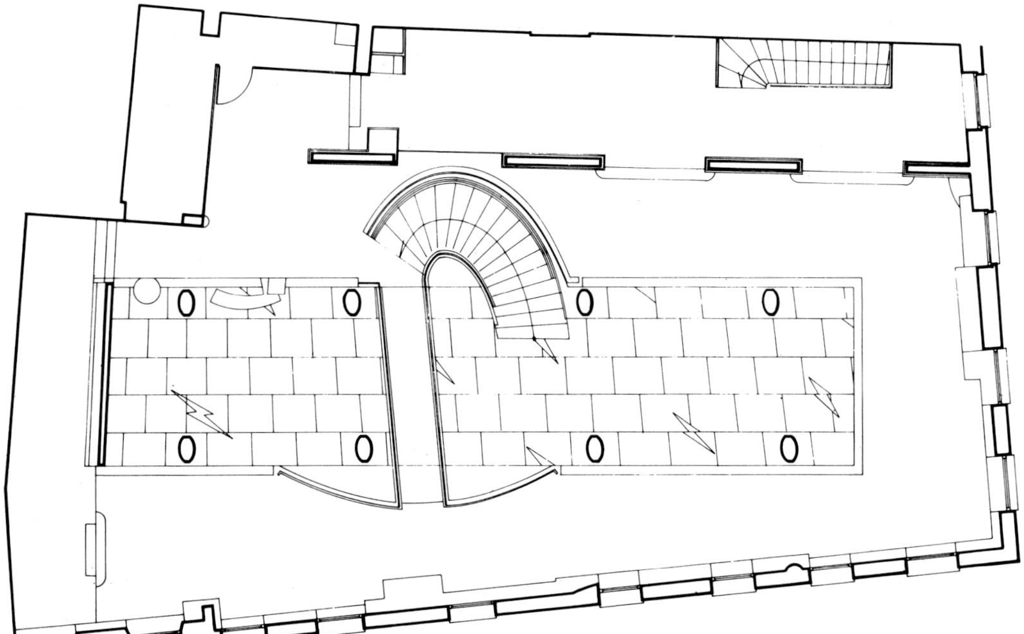

PLANTA PRIMER PISO / SECOND FLOOR PLAN

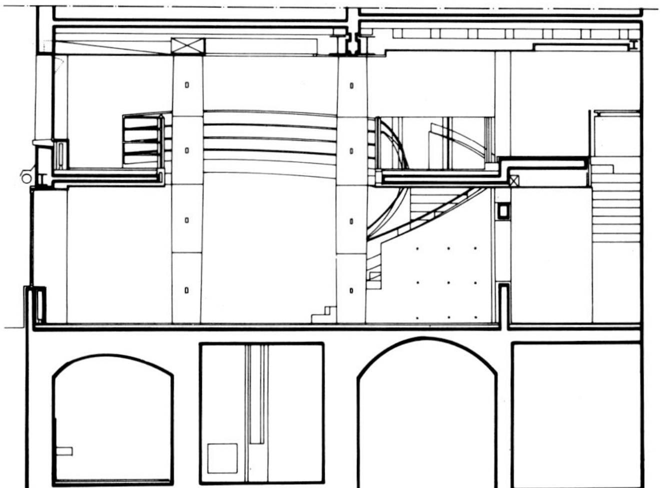

SECCION / SECTION

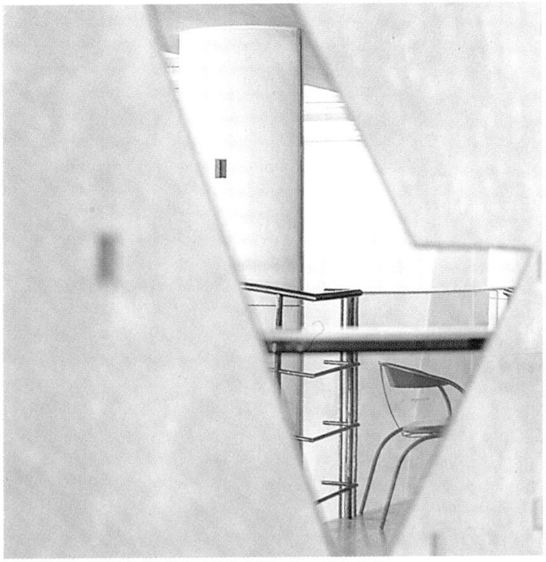

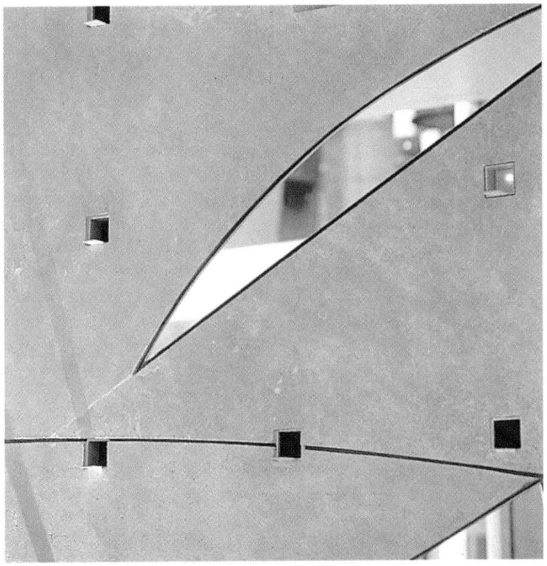

CAFE DE LA MUSICA

MUSIC CAFE

ARQUITECTA / ARCHITECT:
ELIZABETH DE PORTZAMPARC
COLABORADORES / COLLABORATORS:
VERONIQUE NIEMANN, SANDRA ROTTEN
FOTOGRAFIAS / PHOTOGRAPHIES:
STEPHANE COUTURIER
UBICACION / LOCATION:
213, AVENUE JEAN JAURES, PARIS
AREA DEL PROYECTO / BUILDING AREA:
600 m² / 1,969 S.F.
AÑO DEL PROYECTO / PROJECT DESIGN:
1994
AÑO DE CONSTRUCCION / PROJECT CONSTRUCTION:
1995

En abril de 1994 me pidieron proyectar un café-cervecería de 150 cubiertos con un carácter cálido y convivial.

Para responder a esas exigencias pensé que las nociones de intimidad y de calidez debían dar lugar a un ambiente de bienestar y placer que correspondiera a una interpretación contemporánea de los piano-bar tradicionales.

Yo quise evitar toda referencia a las connotaciones a la moda que acarrean los efectos de lasitud ya conocidos. No obstante se trataba, en primer lugar, de estructurar el espacio propuesto de una superficie de 450 m^2 que había sido concebido para albergar una tienda de pianos.

Posteriormente me interesé en unificar los conceptos de intimidad y de confort con todas las relaciones sensoriales que podemos establecer con un sitio.

Esas nociones fueron buscadas a través de una iluminación sensual, de materiales cálidos y nobles, de colores suaves, cálidos y oníricos, un mobiliario muy confortable y dinámico y una buena acústica.

Así la idea de una iluminación suave, difusa, indirecta e integrada a la arquitectura fue buscada desde el principio.

La proposición de una jerarquía de espacios interiores yendo de más a menos íntimo me pareció también importante.

El mueble separativo central, los grandes pilares oblongos de madera y el espacio más secreto con cortinas azules constituyen elementos importantes.

La búsqueda de un ambiente cálido y mi preferencia por el empleo de la madera me llevaron a una utiliza-

In April 1994 they asked me to design a cafe-beer bar with 150 seats and a convivial and warm character.

To give a solution to those requirements I thought that the notions of intimacy and warmth should produce an atmosphere of well-being and pleasure which should correspond to a contemporary interpretation of the traditional piano-bar.

I wanted to avoid all reference to the fashionable connotations brought about by the well known effects of lassitude. Nevertheless it was necessary, in the first place, to give structure to the proposed space with a floor area of 4,800 sq. ft., which was originally conceived to house a piano store.

Later I became interested in relating the concepts of intimacy and comfort with all the sensorial relationships we can establish with a place.

These notions were implemented through sensual lighting, warm and noble materials, soft and oniric colors, very comfortable and dynamic furniture and good acoustics.

Therefore the idea of a soft, diffuse, indirect lighting, integrated into the architecture, was present from the very beginning.

The proposal of a hierarchy of internal spaces, going from more to less intimate, also seemed important to me.

The central dividing module, the large oblong wooden pillars and the more secret space with blue curtains, constitute the most important elements.

The idea of a warm environment and my preference for wood, led me to an important use of it (for the walls,

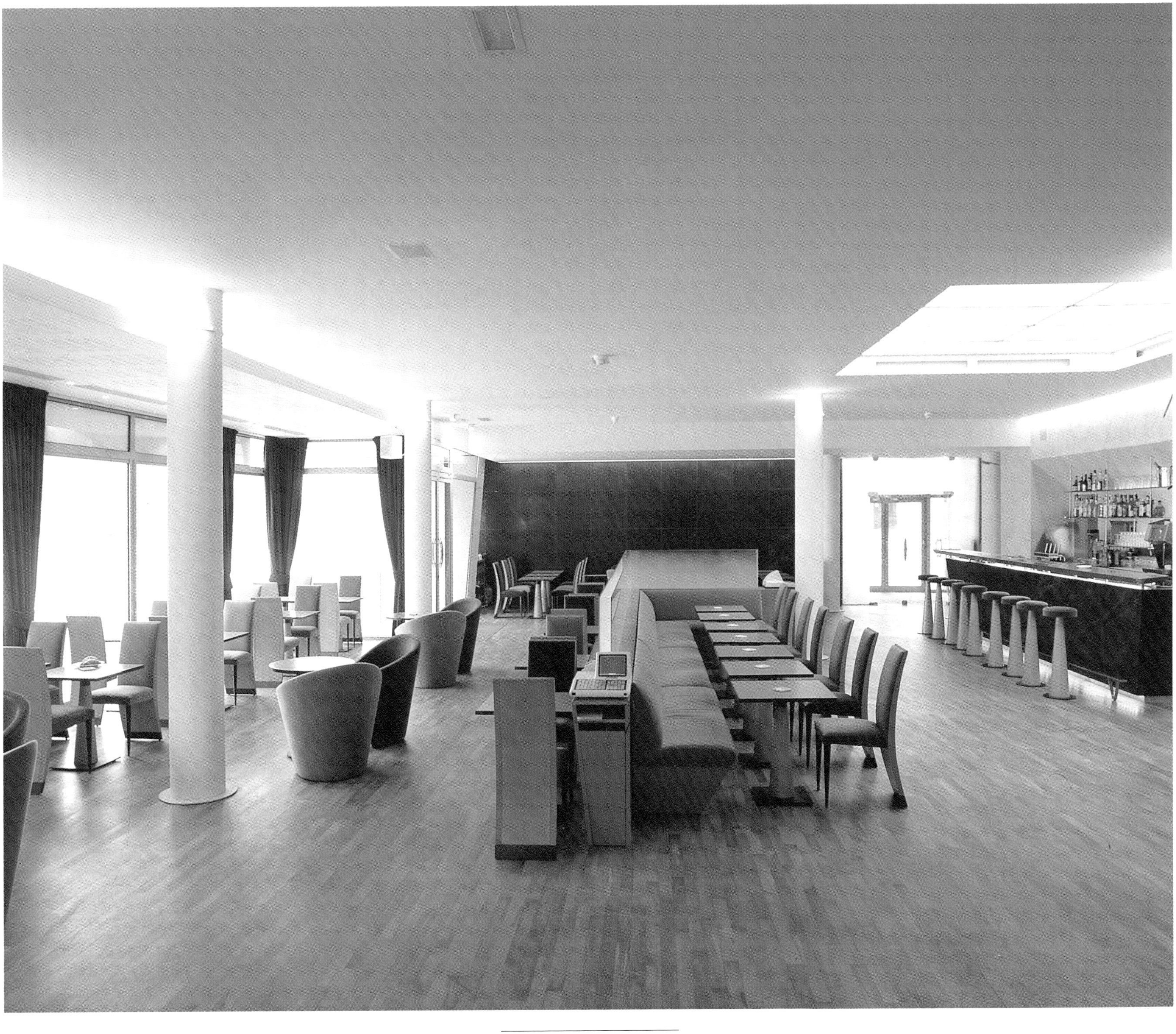

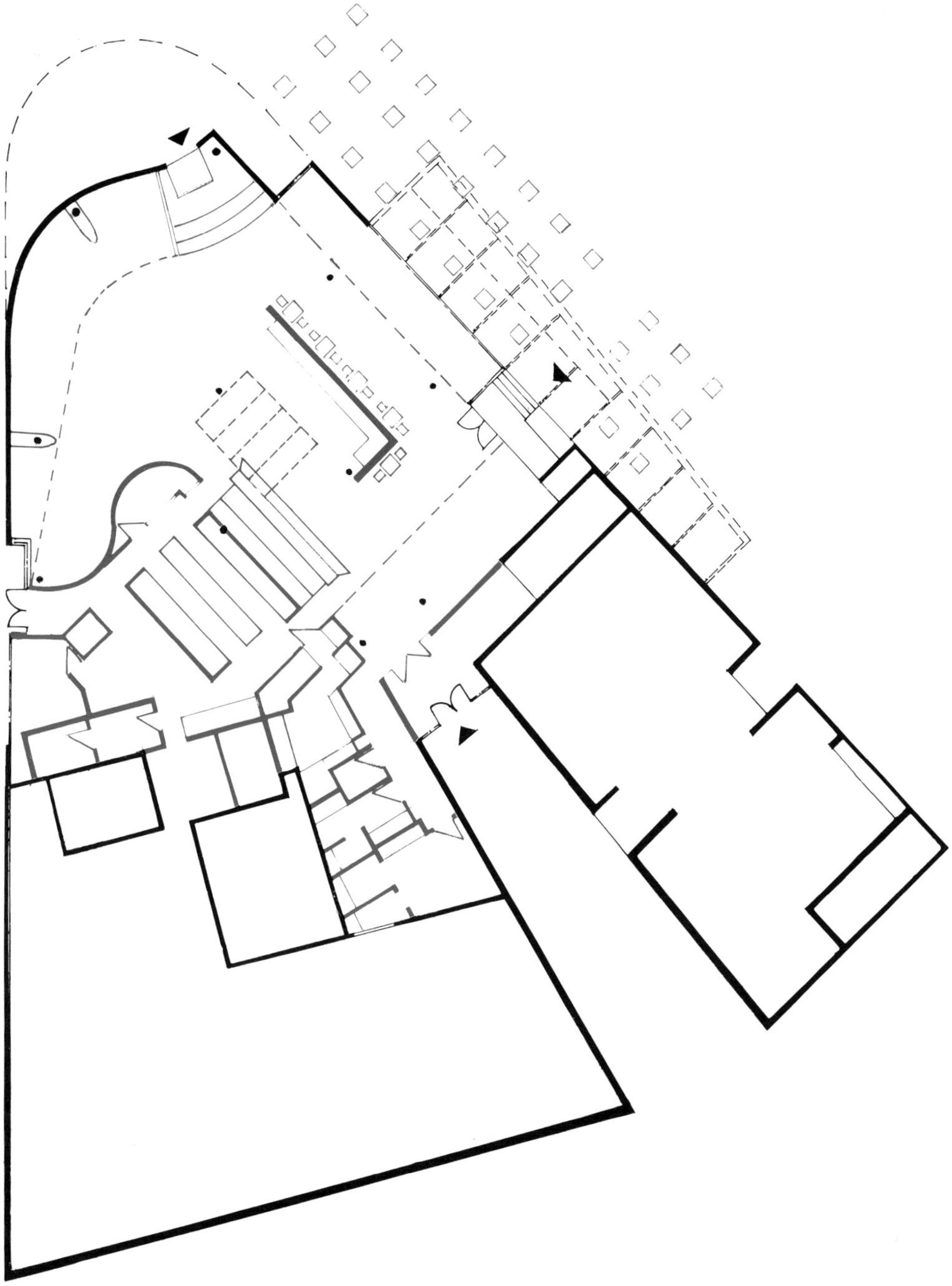

1994 – Planta existente destinada a un negocio de instrumentos musicales

1995 – Planta actual del Café de la Música realizada por Elizabeth De Portzamparc

PLANTA / FLOOR PLAN

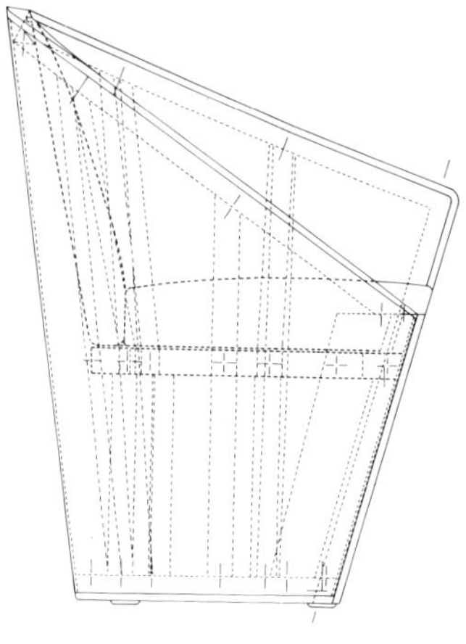

SILLON / ARMCHAIR

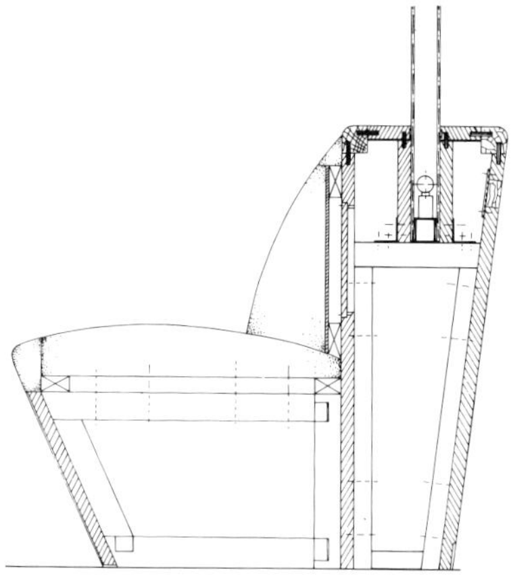

MUEBLE DE SEPARACION / DIVIDING MODILE

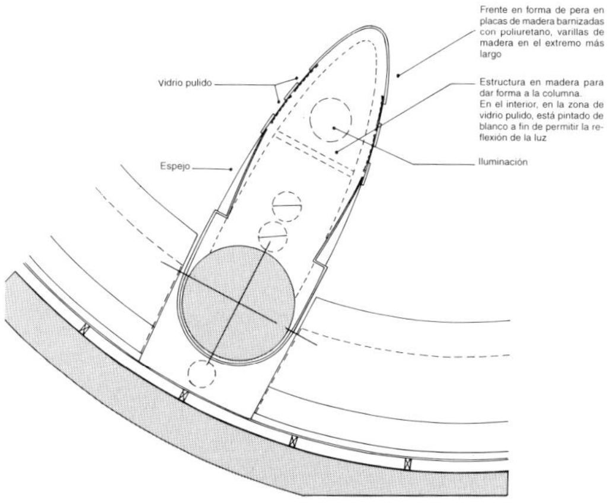

PILAR OBLONGO / OBLONG PILLAR

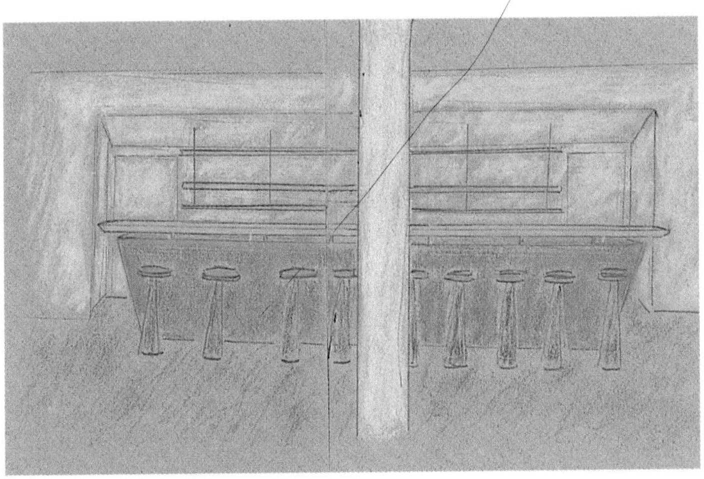

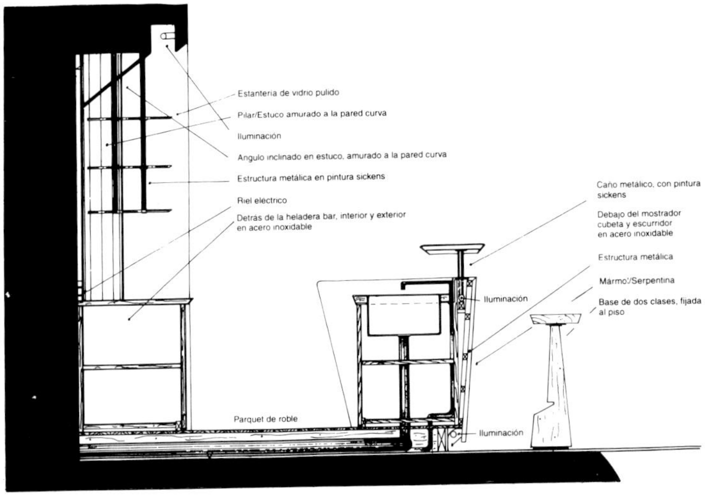

DETALLES CONSTRUCTIVOS / CONSTRUCTIVE DETAILS

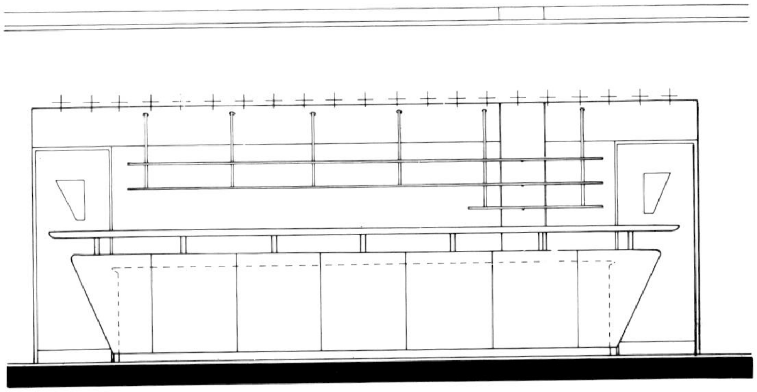

ALZADO DEL BAR / BAR ELEVATION

ción importante de la misma (para los muros, el mobiliario y el piso) proponiendo sin embargo, en algunos lugares, otros materiales: como la piedra.

Serpentina verde oscuro en el bar y en el muro del fondo, el vidrio en pequeños toques y el estuco azul, muy onírico, del gran muro recto, que luego se hace curvo y que estructura el esqueleto de la sala.

La integración de algunas astucias acústicas contribuyó, con el conjunto de los otros elementos, a obtener el ambiente actual del Café de la Música. ☐

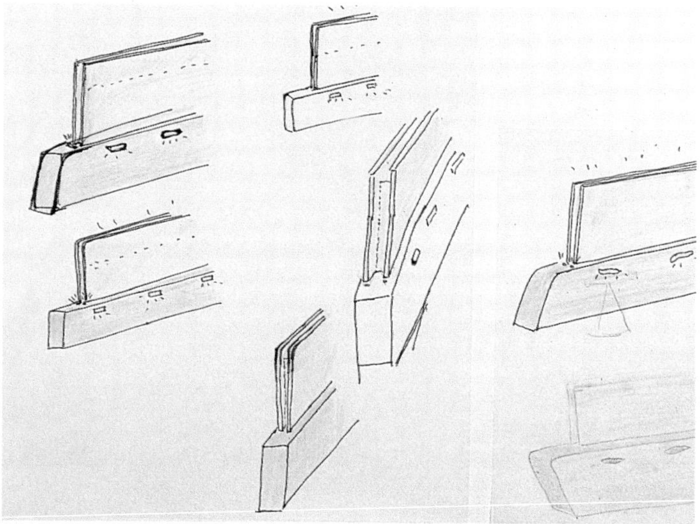

the furniture and the floor) proposing nevertheless, in some places, other materials such as stone.

Green serpentine in the bar and the rear wall, glass in small touches and very oniric blue stucco, on the big straight wall, which later becomes curved and gives structure to the room.

The incorporation of some acoustic tricks contributed, together with all the other elements, to produce the present atmosphere of the Music Café.

RESTAURANTE DEL TEATRO DE LOS CAMPOS ELISEOS

RESTAURANT OF THE CHAMPS ELYSEES THEATRE

ARQUITECTO / ARCHITECT:
FRANCK HAMMOUTENE
FOTOGRAFIAS / PHOTOGRAPHIES:
S. COUTURIER (ARCHIPRESS), G. FESSY, G. BERGERAT
UBICACION / LOCATION:
15, MONTAIGNE MAISON BLANCHE, PARIS
AÑO DEL PROYECTO / PROJECT DESIGN:
1989
AÑO DE CONSTRUCCION / PROJECT CONSTRUCTION:
1990

Para este restaurante que Franck Hammoutène realizara en 1989, inmediatamente después de terminar el Centro de Conferencias del Gran Arco de la Defensa para la Cumbre de los Países Industrializados, se trataba de ganar una apuesta excepcional: lograr que una de las mejores mesas de restaurante de Francia fuera también una demostración de arquitectura contemporánea.

Durante su presentación, Franck Hammoutène hablaba de este proyecto en los siguientes terminos:

"*El restaurante del teatro de los Campos Elíseos no es un restaurante panorámico, es un lugar de elección.*

Por lo tanto no se buscará el placer del espectador ávido de exteriores sino el lujo de una mesa perfecta, con París disponible alrededor.

La cálida sobriedad de los planos horizontales lisos y luminosos armonizan con las maderas rojas, profundas y el resplandor del acero, realza las materias suaves, satinadas, de las mesas que conforman otras tantas islas confortables.

Placer hedonista de una puesta en escena de recorridos y desniveles, para hacer de la mesa un placer y del restaurante una fiesta.

La escala de este espacio está dada por tres niveles que son como escalones de una escalera en el cielo.

Un plano exterior, que se continúa más allá de la fachada, sin otro límite que el horizonte, dilata el espacio interior y lo proyecta hacia París".

In this restaurant which Franck Hammoutène designed in 1989, immediately after completing the Conference Center of the Grand Arch of the Defènse for the Summit of Industrialized Nations, an exceptional challenge was met: to make one of the best restaurant tables in France become also a demonstration of contemporary architecture.

During his presentation, Franck Hammouténe spoke about this project in the following terms:

"The restaurant of the Champs Elysèes Theater is not a panoramic restaurant, it is a place of choice.

It was therefore not seeking the pleasure of the spectator avid for views but rather the luxury of a perfect table, with Paris available all around.

The sober warmth of the smooth and luminous horizontal planes harmonizes with the deep red wood and the sparkle of steel highlights the soft, glossy material of the tables which form various comfortable islands.

Hedonist pleasure of a *mis en scéne* of routes and level changes, to make the table a pleasure and the restaurant a celebration.

The scale of this space is set by three levels which are like steps on a stairway to heaven.

An external plane, which extends beyond the facade, the horizon as its only limit, expands the internal space and projects it towards Paris".

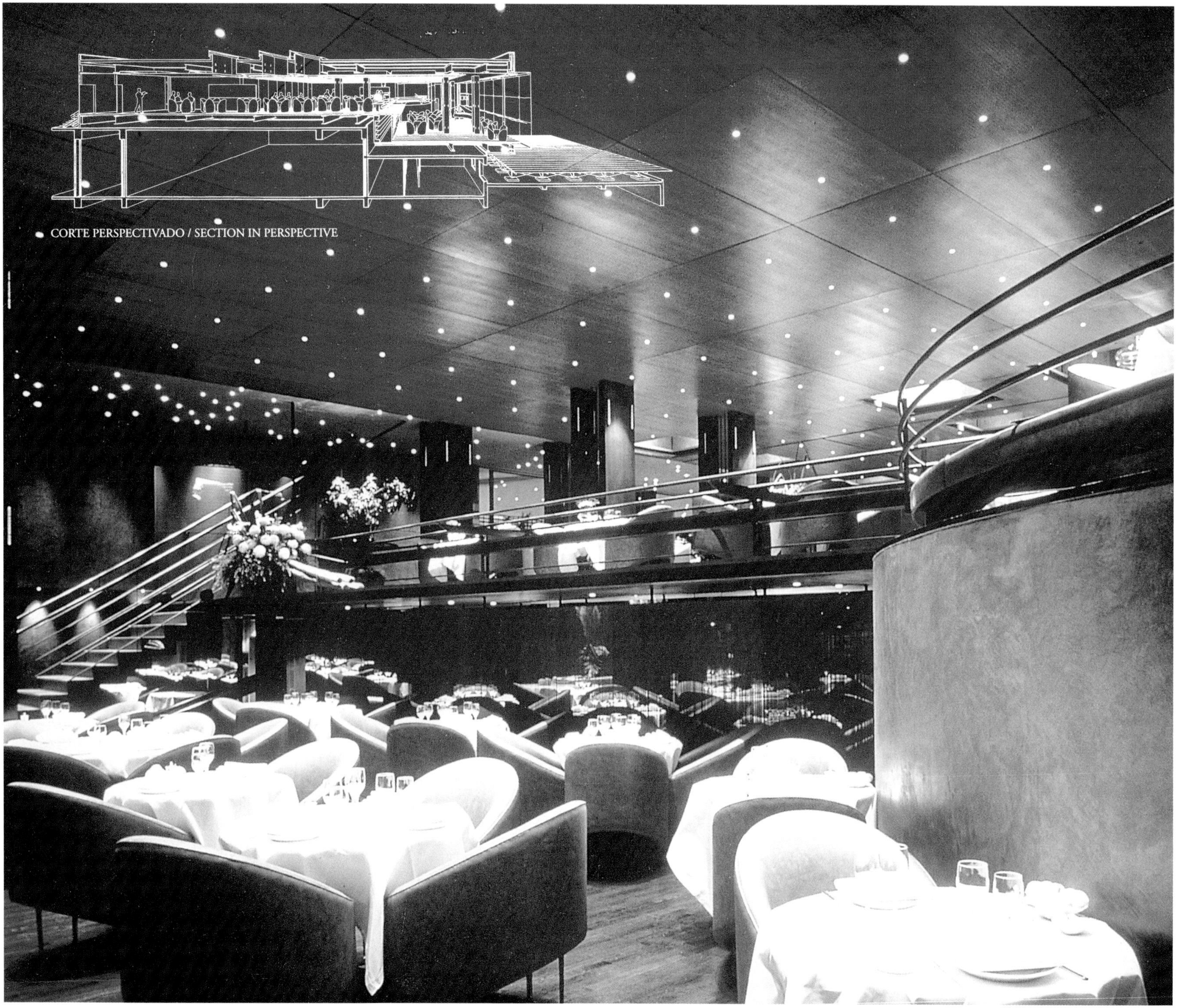
CORTE PERSPECTIVADO / SECTION IN PERSPECTIVE

SECCION / SECTION

RESTAURANTE F'ESTIN

F'ESTIN RESTAURANT

ARQUITECTAS / ARCHITECTS:
ISABELLE POULAIN, CATHERINE LAUVERGEAT
FOTOGRAFIAS / PHOTOGRAPHIES:
STEPHANE COUTURIER
UBICACION / LOCATION:
RUE RAMBUTEAU, PARIS
AREA DEL TERRENO / LOT AREA:
450 m² / 1,476 S.F.
AREA DEL PROYECTO / BUILDING AREA:
450 m² / 1,476 S.F.
AÑO DEL PROYECTO / PROJECT DESIGN:
1989
AÑO DE CONSTRUCCION / PROJECT CONSTRUCTION:
1990

El restaurante *F'ESTIN* ha sido realizado en un local trapezoidal de 450 m² situado en el centro de la manzana "Rambuteau" en París.

Para estructurar ese lugar difícil diseñamos un largo muro en espiral, tratado con estuco amarillo que envuelve al visitante desde la entrada para orientarlo hacia los cuatro bares del "fast-food" y hacia otras zonas de consumo.

Concebido con la idea del "food court" el restaurante *F'ESTIN* propone cuatro tipos de cocina a los clientes.

El muro amarillo, organizador del espacio, esta perforado en lugares estratégicos: las cuatro barras, la exclusa de la entrada y la sala bajo el entrepiso. Para acompañar el efecto de espiral se recortó una cúpula en el cielorraso suspendido que fue decorada por Gary Glaser y Alain Bony.

El suelo fue realizado en "Basaltine" (negra y blanca) para las circulaciones y en parquet para las zonas de comida.

Las zonas más calmas están revestidas en pasta de vidrio verde claro.

El mobiliario fue diseñado a medida para este local por Yoris Heetmann y Anne Liberati. El material utilizado para su construcción: metal barnizado y vidrio coloreado.

The *F'ESTIN* restaurant has been built within a trapezium shaped unit of 4,800 sq. ft. located in the center of the "Rambuteau" block in Paris.

To give structure to this difficult place we designed a long spiral wall, finished in yellow stucco, which wraps around the guest from the entrance to guide him towards the four fast-food bars and towards other consuming areas.

Conceived with the idea of the "Food Court", the *F'ESTIN* restaurant proposes four kinds of cuisine for their clients.

The yellow wall, which organizes the space, is perforated in strategic places: the 4 bars, the floodgate of the entrance and the room below the mezzanine. To accompany the spiral effect a dome was cut into the ceiling, and was decorated by Gary Glaser and Alain Bony.

The floor is "Basaltine" (black and white) for the circulations and wood for the food areas.

The calmer areas are clad in light green glass paste.

The furniture was designed specially for this unit by Yoris Heetmann and Anne Liberati. The materials used for its construction: varnished metal and colored glass.

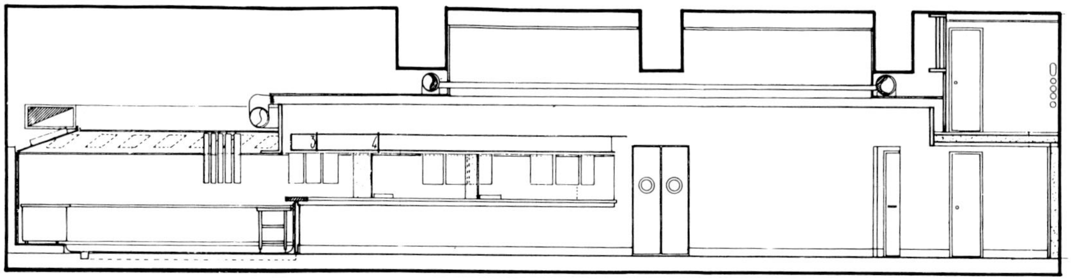

SECCION / SECTION

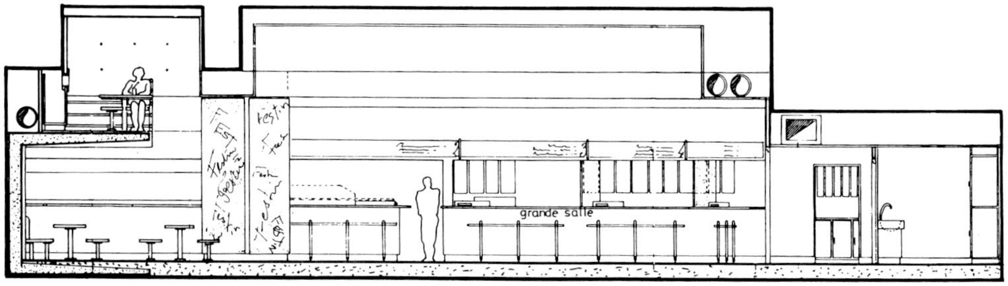

SECCION / SECTION

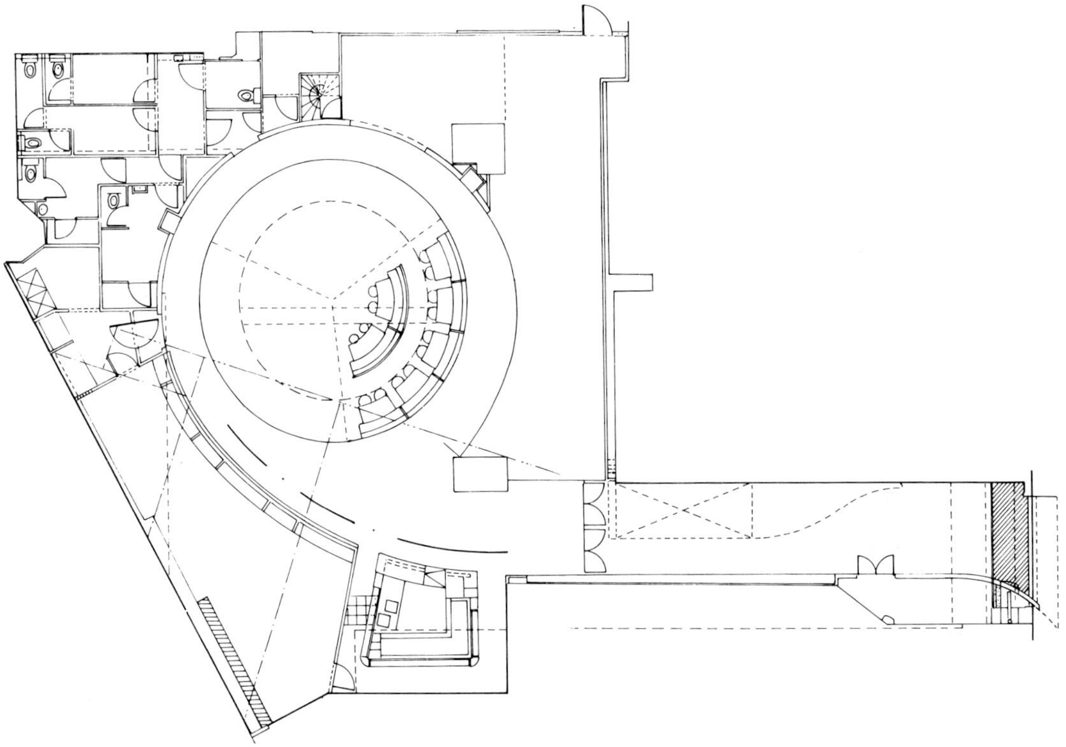

PLANTA / FLOOR PLAN

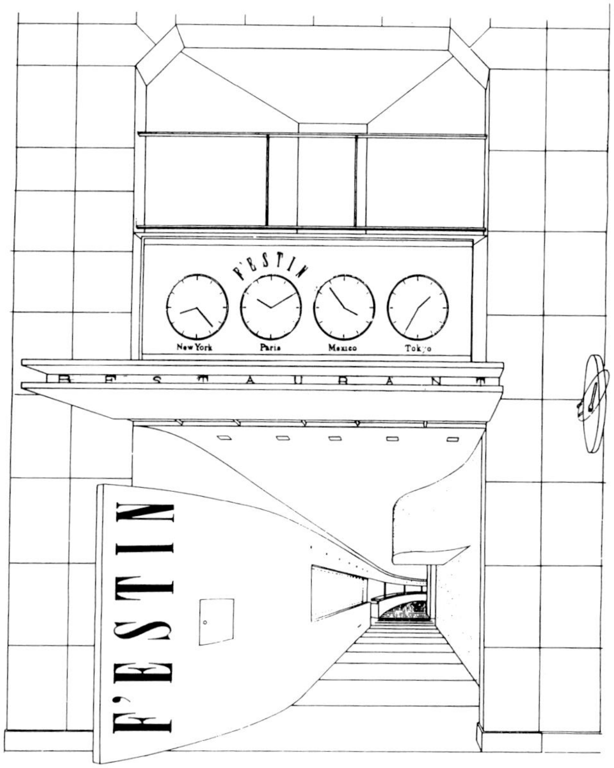

PERSPECTIVA / PERSPECTIVE

RESTAURANTE BWANA JONES

BWANE JONES RESTAURANT

ARQUITECTA / ARCHITECT:
ISABELLE POULAIN
FOTOGRAFIAS / PHOTOGRAPHIES:
STEPHANE COUTURIER
UBICACION / LOCATION:
RUE D'AMIENS, LILLE
AREA DEL TERRENO / LOT AREA:
350 m² / 1,148 S.F.
AREA DEL PROYECTO / BUILDING AREA:
350 m² / 1,148 S.F.
AÑO DEL PROYECTO / PROJECT DESIGN:
1987
AÑO DE CONSTRUCCION / PROJECT CONSTRUCTION:
1988

"**B**WANA JONES" ofrece a los habitantes de la ciudad de Lille faltos de exotismo, una verdadera incursión gastronómica a través de la selva.

El tema:

Un aventurero caído de su "bücker" come brochettes asadas sobre una máquina infernal alrededor de la que se organiza el restaurante de manera amena: "Yo Tarzan, tu Jane".

Dos ambientes diferentes fueron concebidos para el bar y el restaurante.

Para recuperarse de las emociones del viaje, el cliente puede beber un trago en un refugio colonial decorado con madera exótica y piel de cebra situado frente a su avión que se encuentra colgado del muro.

El restaurante se desarrolla bajo un follaje de grandes placas de acero soldadas cuyos recortes dejan filtrar la luz, sugiriendo el pasaje de los rayos del sol a través del espesor vegetal de la selva.

Las estructuras de árboles abstractos, construidos con madera de "iroko", separan las mesas de metal galvanizado a lo largo del paisaje. Un muro, realizado por Alain Bony, con pintura acrílica, que representa un paisaje rocoso y la humedad ambiente.

Los porta-brochettes, iluminados con velas, sobre las mesas y la chapa ondulada del bar, signos de la tradición de los países tropicales, terminan el escenario.

"**B**WANA JONES" offers the inhabitants of the city of Lille, lacking in exotic experiences, a veritable gastronomic excursion through the jungle.

The theme:

An adventurer who has fallen from his "bücker" eats brochettes grilled over an infernal machine around which the restaurant is pleasantly organized: "Me Tarzan, you Jane".

Two different rooms were designed for the bar and the restaurant.

To recover from the excitement of the voyage, the client can take a drink in a colonial refuge decorated with exotic woods and zebra skins, facing his aeroplane which hangs on the wall.

The restaurant develops below a foliage of large soldered sheets of steel with perforations which allow the light to filter through, suggesting rays of sunlight passing through the thick greenery of the jungle.

The abstract tree structures, built in "iroko" wood, separate the galvanized steel tables along the landscape. A wall, created by Alain Bony, with acrylic paint, represents a rocky landscape and the humidity in the air.

The brochette-holders, lit by candles, upon the tables and the wavy steel of the bar, signs of the traditions of tropical countries, complete the scenario.

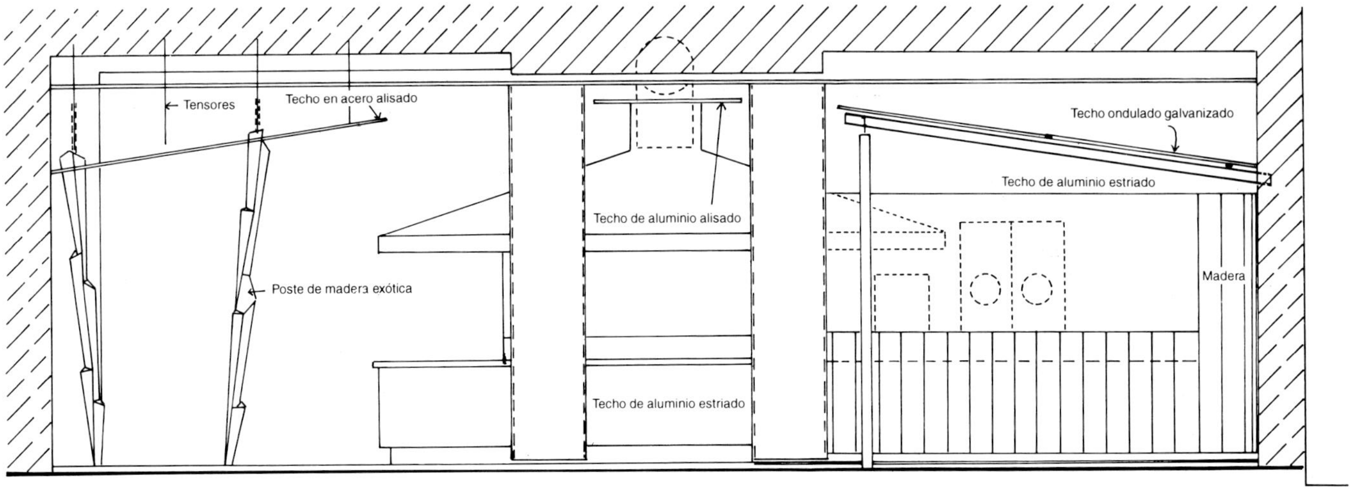

SECCION / SECTION

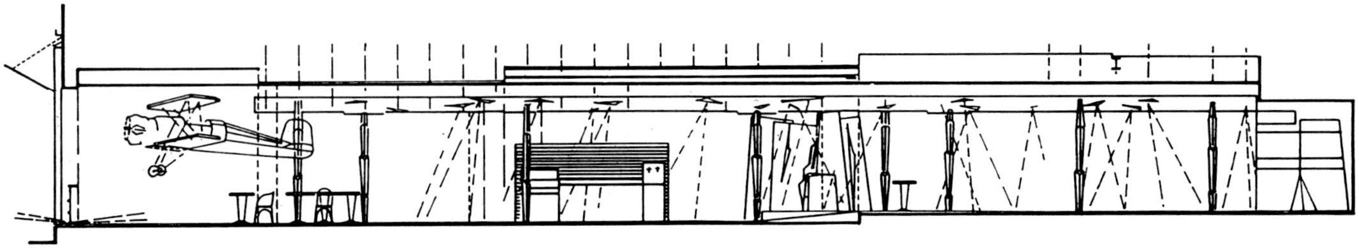

SECCION / SECTION

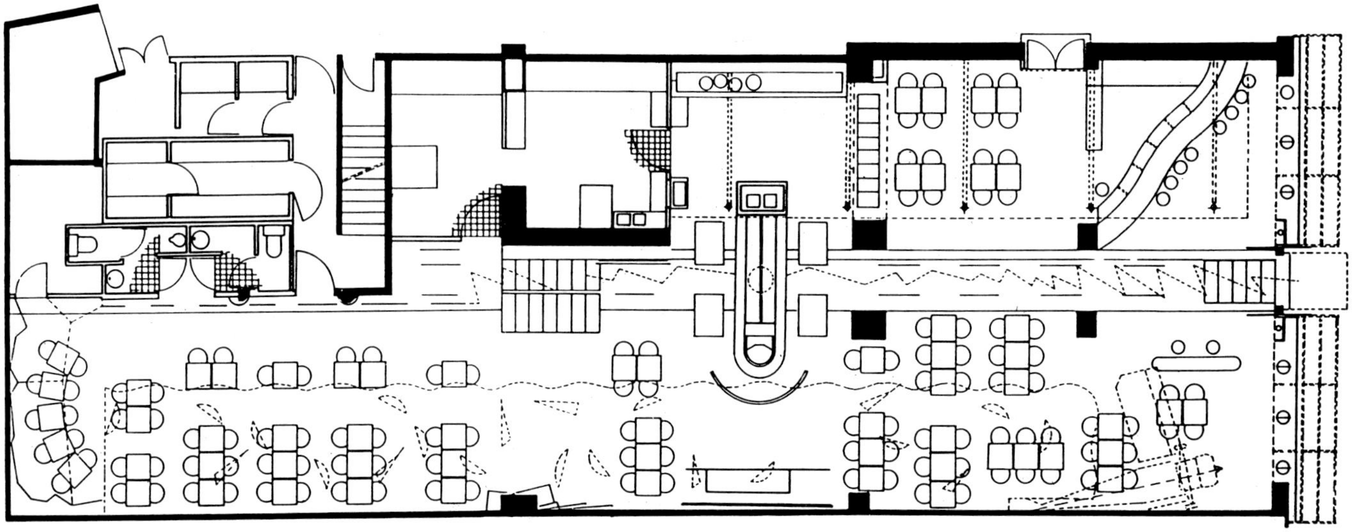

PLANTA / FLOOR PLAN

RESTAURANTE PIERRE GAGNAIRE

PIERRE GAGNAIRE RESTAURANT

ARQUITECTOS / ARCHITECTS:
STUDIO NAÇO: MARCELO JOULIA, ALAIN RENK
ARTISTAS INVITADOS /GUEST ARTISTS:
FRANÇOIS SEIGNEUR, PHILIPPE FAVIER
FOTOGRAFIAS / PHOTOGRAPHIES:
MARIO PIGNATA MONTI
UBICACION / LOCATION:
SAINT- ETIENNE
ARA DEL TERRENO / LOT AREA:
350 m² / 1,148 S.F.
AREA DEL PROYECTO / BUILDING AREA:
1.000 m² / 3,280 S.F.
AÑO DEL PROYECTO / PROJECT DESIGN:
1992
AÑO DE CONSTRUCCION / PROJECT CONSTRUCTION:
1992

La historia del proyecto: una amistad y unos encuentros sorprendentes...

Encontramos a Pierre Gagnaire en junio de 1991. Nosotros debíamos reacondicionar el restaurante que él dirigía en la ciudad de Saint-Etienne desde hacía 10 años.

Seis meses más tarde, cuando los trabajos estaban por comenzar, un tercer personaje se deslizó entre el "chef" y los arquitectos: una sorprendente casa blanca adormecida desde los años 30. En un instante los meses pasados sobre el proyecto del otro restaurante se volatilizaron. La casualidad permitía a Pierre Gagnaire de adelantarse varios años en su deseo de poseer un verdadero lugar para él. No había que vacilar.

Ahora se trataba, para nosotros, de imaginar a Pierre Gagnaire dentro de 10 años y de crear su propia casa.

Una loca aventura. Con el riesgo de fijar el espacio de un acróbata.

¿Quién sabe para quién este período fue más desconcertante?

¿Para los arquitectos o para Pierre Gagnaire?

Estábamos volviéndonos amigos y fue en este período que nuestra relación se profundizó.

Nosotros estábamos mucho más implicados y sentíamos que teníamos la posibilidad de ayudar a Pierre a soportar la aceleración y el salto hacia el futuro. Pero también éramos conscientes que podíamos desequilibrarlo siendo demasiado directivos. Tratamos, con curiosidad, de transformar los sabores culinarios que él nos hacia descubrir, en sensaciones de espacios. Estabamos frente a explosiones que existían juntas.

Teníamos el privilegio raro, de estar frente a un hom-

The story of the project: a friendship and some surprising encounters...

We met Pierre Gagnaire in June 1991. We were going to refurbish the restaurant which he had directed in the city of Saint-Etienne for 10 years.

Six months later, when the work was about to begin, a third figure slipped between the "chef" and the architects: a surprising white house which lay sleeping since the thirties. Within minutes, the months spent on the design of the other restaurant evaporated. Coincidence would allow Pierre Gagnaire to bring forward various years his desire of owning a real place of his own. There must be no hesitation.

Now, for us, the challenge was to imagine Pierre Gagnaire in 10 years time and create his own house.

A mad adventure. With the risk of defining the space of an acrobat.

Who knows for whom this period was more disconcerting?

For the architects or for Pierre Gagnaire?

We were becoming friends and it was during this period that we had the possibility of helping Pierre to bear the acceleration and the leap into the future. But we were also conscious of the fact that we could unbalance him by being too directive. We tried, with curiosity, to transform the culinary tastes which we discovered with him, into feelings of space. We were in the presence of explosions which coexisted.

We had the rare privilege of encountering a man permanently amazed by the outside world. A magician who through his Art and his Passion created an atmosphere

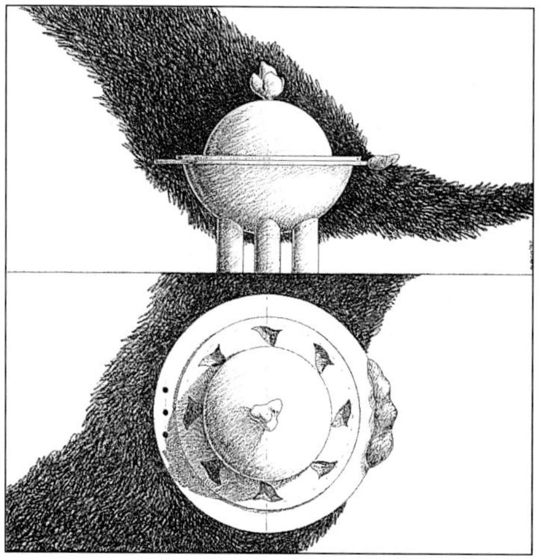

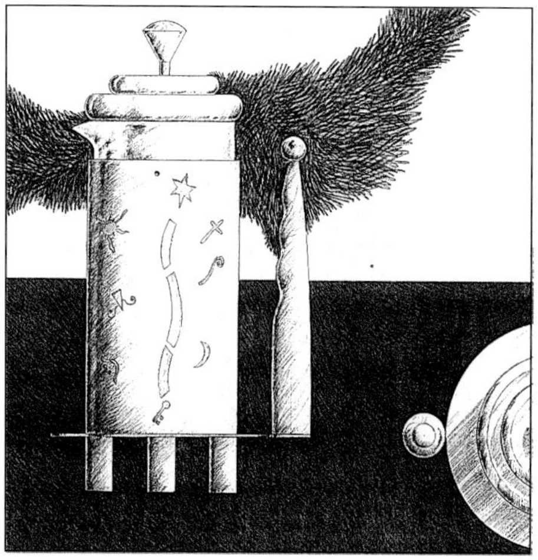

bre permanentemente maravillado por el mundo exterior. Un mago que a través de su Arte y de su Pasión creaba un ambiente de libertad total a su alrededor. Un ambiente febril, interrumpido por risas y movimientos bruscos, que hacia desaparecer los problemas cotidianos y producía el deseo de retribuirle esos momentos de alegría.

Teníamos que construirle una isla brillante y oscura, serena y atormentada. Un territorio complejo y codificado que nunca pudiera descubrirse completamente.

A Pierre debíamos devolverle una multitud de facetas, de miradas cruzadas, de ensayos y descubrimientos, de la mañana y de la noche.

Poco a poco nos dimos cuenta que esta isla debía existir en una multiplicidad de horizontes y recorridos. Debíamos invitar a Artistas de diferentes disciplinas que nosotros, sabíamos que eran capaces de entrar en resonancia con nuestro proyecto de isla secreta.

Inmediatamente Pierre Gagnaire fue seducido por nuestra idea, todavía embrionaria, de una colaboración con pintores, escultores y fotógrafos alrededor de su arte.

De esta forma agregamos a nuestro papel de arquitectos el de directores artísticos del proyecto. Eramos libres para elegir los artistas y debíamos coordinar sus intervenciones.

Fuimos exigentes hasta la exuberancia en la implicación que pedíamos a los diferentes creadores.

Y ellos respondieron.

Y sus obras son indisociables de esta aventura.

¿El paisaje de Pierre Gagnaire?

Esta historia llena de fuerza y de creación.

of total freedom around him. A feverish atmosphere, interrupted by laughter and brusque movements, which made everyday troubles disappear and produced the desire to retribute those moments of happiness.

We had to build him an island at once brilliant and dark, serene and tormented. A complex codified territory which could never be completely discovered.

We had to give back to Pierre a multitude of facets, looks, tests and discoveries, mornings and nights.

Slowly we realized that this island should exist in a multiplicity of horizons and routes. We should invite artists from different disciplines which we knew would be able to enter into resonance with our secret island project.

Pierre Gagnaire was immediately seduced by our idea, still embryonic, of a collaboration of painters, sculptors and photographers around his art.

In this way we added the role of artistic directors of the project to our work as architects. We were free to choose the artists and had to coordinate their interventions.

We were exuberantly demanding in the implication we expected from the different creators.

And they responded.

And their works are inseparable from this adventure.

The Pierre Gagnaire landscape?

This story full of strength and creativity.

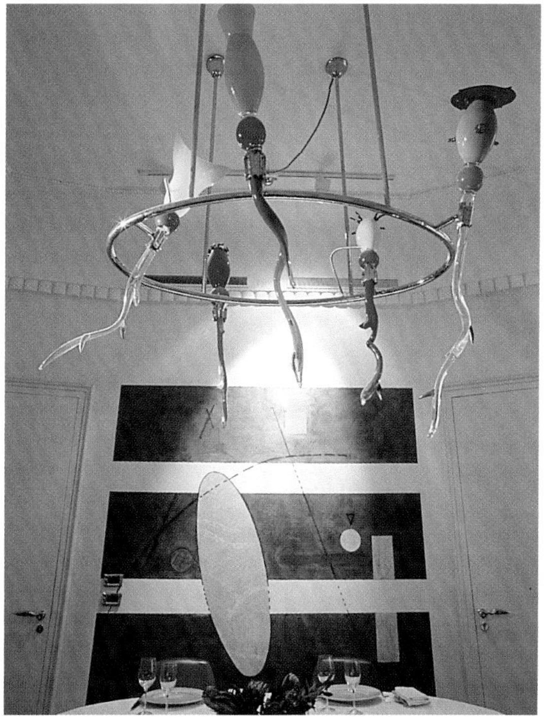

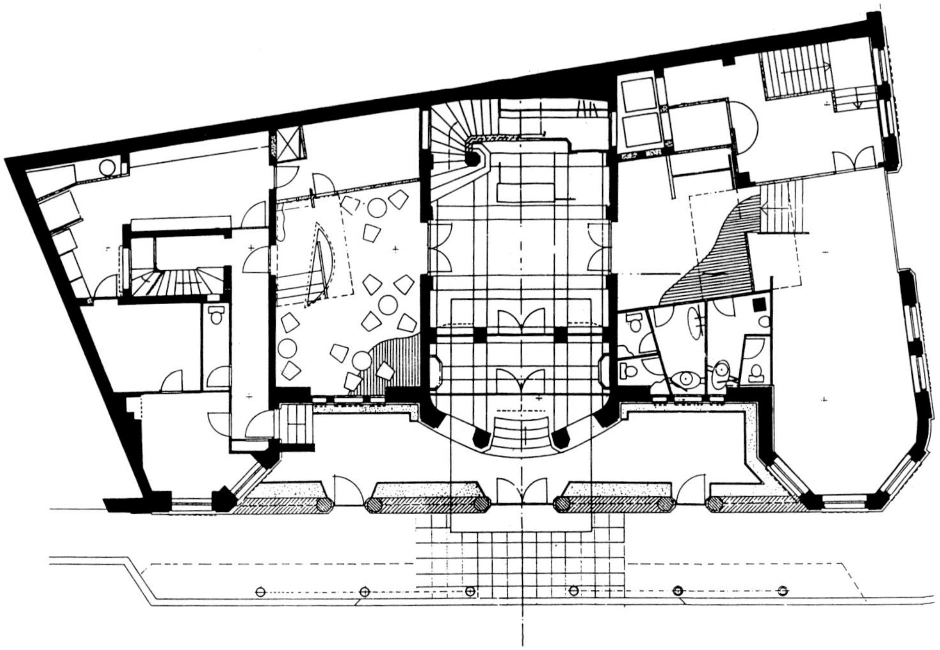

PLANTA BAJA / FIRST FLOOR PLAN

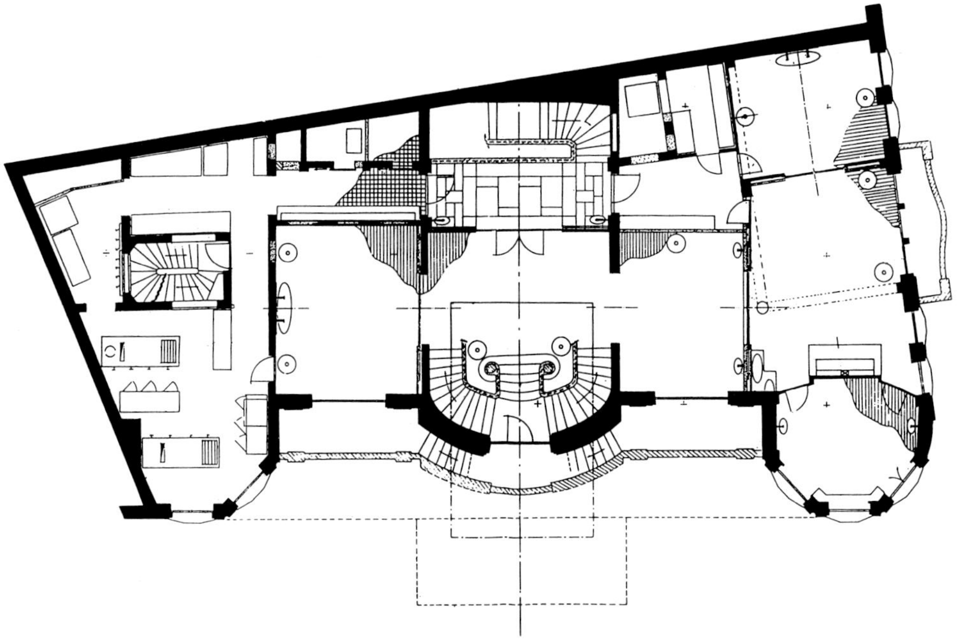

PLANTA PRIMER PISO / SECOND FLOOR PLAN

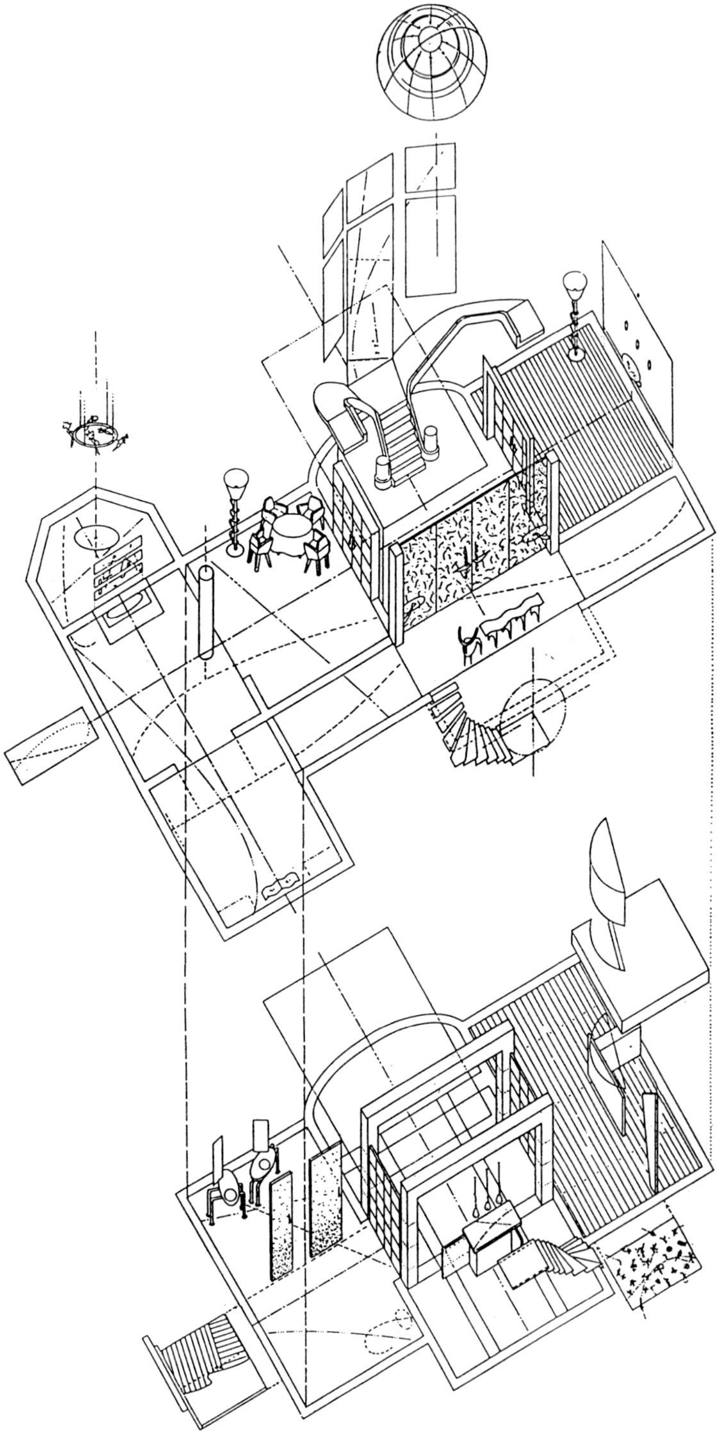

DESPIECE AXONOMETRICO / EXPLODED AXONOMETRIC

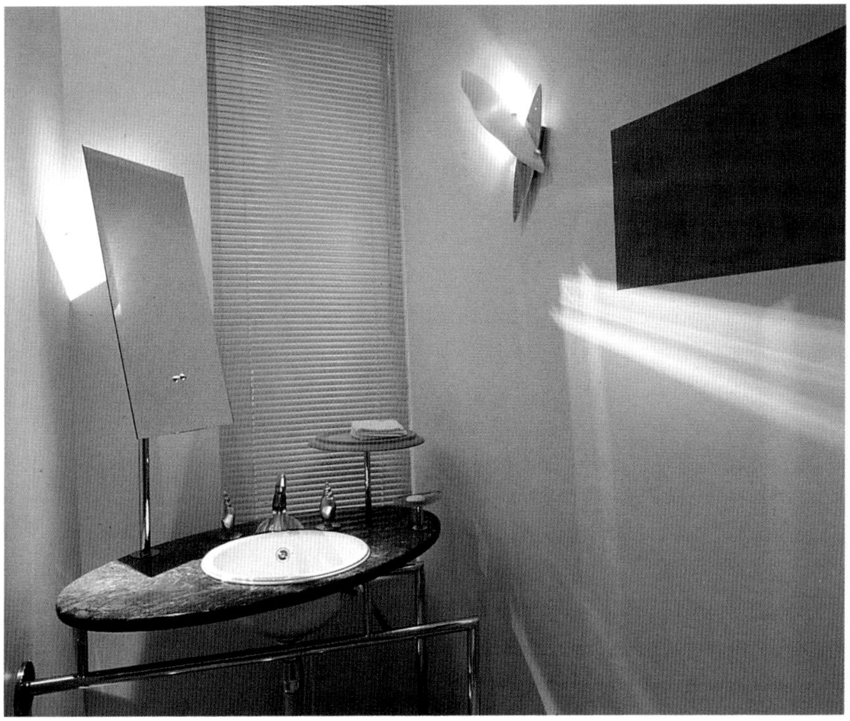

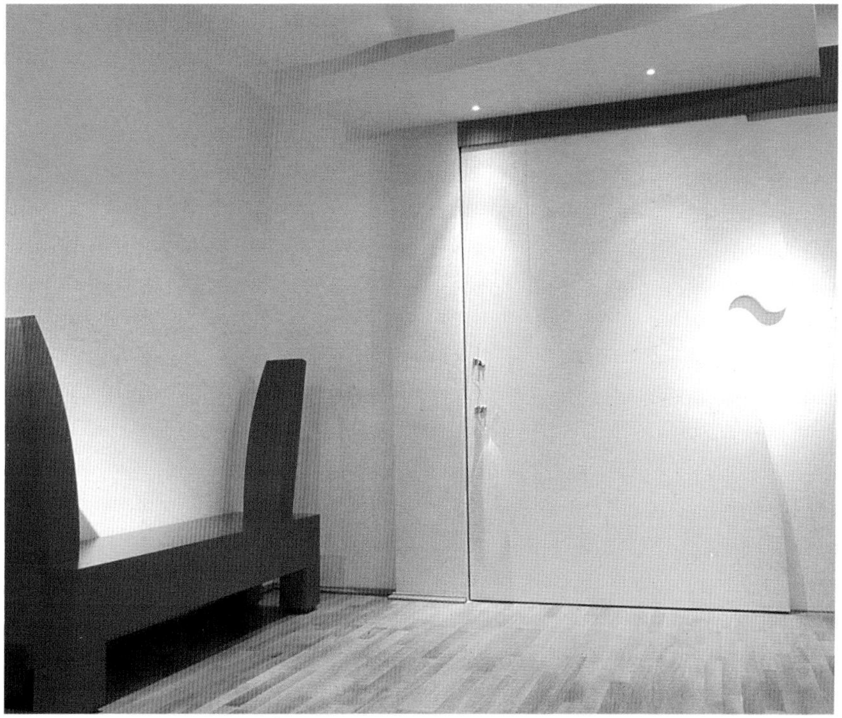

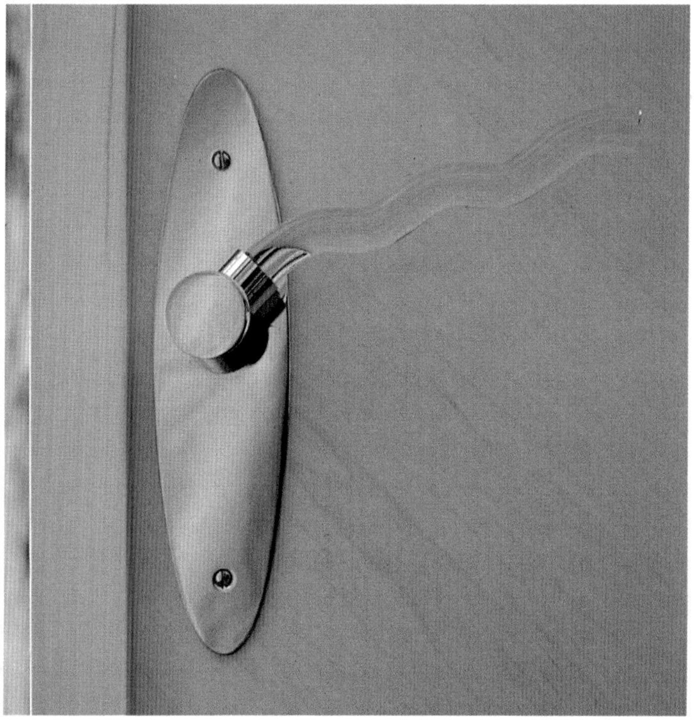

RESTAURANTE DEL HOTEL COSTES

THE HOTEL COSTES RESTAURANT

ARQUITECTO / ARCHITECT:
MECHALI
AMBIENTACION / INTERIOR DESIGNER:
JACQUES GARCIA, DECORADOR / DECORATOR
FOTOGRAFIAS / PHOTOGRAPHIES:
MARIE CLAIRIN
AÑO DEL PROYECTO / PROJECT DESIGN:
1994
AÑO DE CONSTRUCCION / PROJECT CONSTRUCTION:
1995

La idea de base fue la de crear un hotel en París que fuera el reflejo de los palacios del siglo XIX, en un estilo emperatriz muy a la moda en la época de Napoleón III, con estratificaciones de diferentes generaciones acumuladas, significativo del gusto de la emperatriz Eugénie y del que queda un buen ejemplo: el "Hotel du Palais" en Biarritz. Pero también con elementos tomados de la modernidad para el confort y el agrado de los viajeros de hoy.

El patio interior fue completamente rediseñado y remodelado. De cada lado dos grandes pórticos de piedra con balaustradas que soportan reproducciones de estatuas antiguas, tomados del neoclasicismo, que se armonizan con la arquitectura del edificio existente. Estos dos pórticos están reunidos por dos grandes galerías de metal y vidrio en cuyo interior hicimos crecer jazmines para agregar al ambiente estético, los olores.

Uno de los numerosos salones: "el herbario", fue realizado con tablones de un antiguo herbario construido por un aficionado entre los años 1840 y 1865 y que hice enmarcar como un revestimiento, un entablado.

Todo el mobiliario fue rediseñado partiendo de antiguos documentos pero con un método original para desfasarlos del clasicismo. Por ejemplo el sillón en el que los brazos fueron voluntariamente desplazados para producir una imagen ambigua.

El sistema de mesas es también paradójico en relación a una utilización normal, es un conjunto de pequeñas mesas redondas transportables muy en boga en el siglo XIX como la pequeñas sillas dichas "de baile" con las que la emperatriz Eugénie inundó todos los palacios imperiales.

Rediseñé el conjunto de luminarias, pequeños y gran-

The basic idea was to create in Paris a hotel which should be a reflection of the palaces of the 19th. century, in an Empress style very fashionable at the time of Napoleon III, with stratifications of the accumulation of different generations, representative of the taste of Empress Eugénie and of which one good example remains: the "Hotel du Palais" in Biarritz. But also incorporating elements taken from the modern world for the comfort and pleasure of today's travelers.

The internal courtyard was completely redesigned and refurbished. On each side, two large stone porticoes with balustrades supporting reproductions of antique statues, taken from neoclassicism, which harmonize with the architecture of the existing building. These two porticoes are linked by two large steel and glass galleries inside which we planted jasmines, to add smells to the aesthetic environment.

One of the various halls: "the herbarium", was decorated with boards from an old herbarium built by an amateur between the years 1840 and 1865, and which I had framed as a finish. All the furniture was redesigned based on antique documents, but with an original method to shift them away from classicism.

For example the armchair in which the arms were intentionally shifted to produce an ambiguous image. The table system is also paradoxical in relation with normal use, it is a group of small round movable tables very fashionable in the 19th. century like the small chairs called "dancing" chairs with which Empress Eugénie flooded all the imperial palaces.

I redesigned all the light fittings, small and large sconces, halogen, ceiling and floor lamps, so as to create

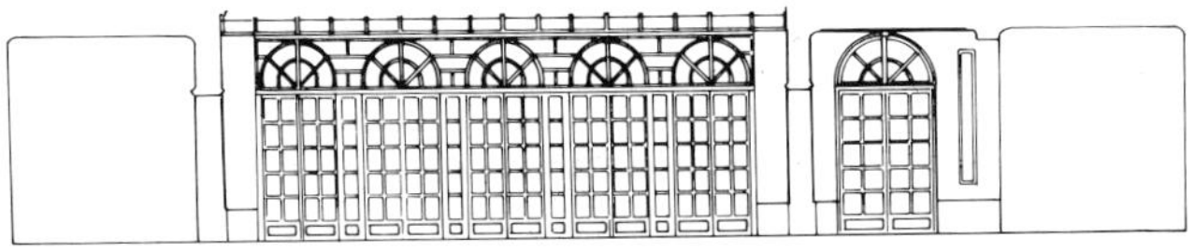

ALZADO / ELEVATION

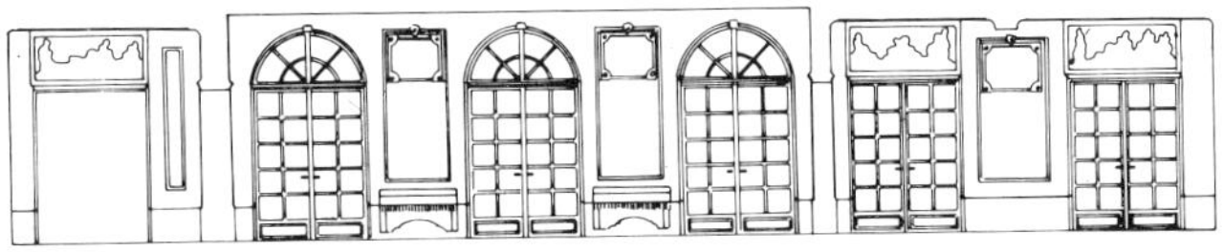

ALZADO / ELEVATION

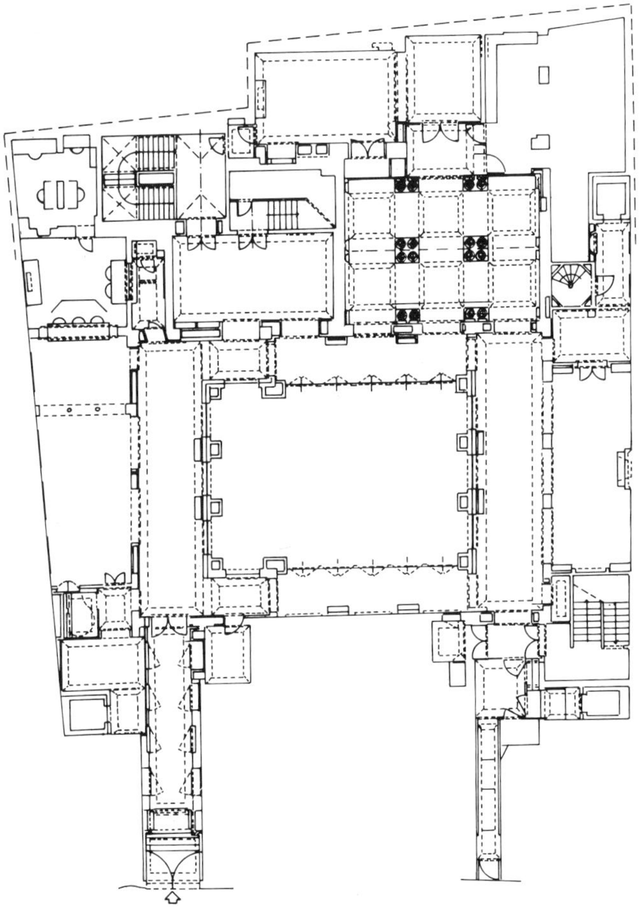

PLANTA / FLOOR PLAN

❑ des apliques, halógenos, lámparas de techo y de pie, con el objeto de crear un sistema de iluminación del hotel y no caer en una estética cambalachera que yo no deseaba para un espacio con elementos modernos. Las consolas enfundadas y claveteadas así que los zócalos de las plantas, los cubre-televisión, las mesillas de noche, fueron hechas dentro de un sistema de terciopelo y tapizado adamascado, claveteados de cobre, una práctica de principios del siglo XVII en el mobiliario real que se continua hasta fines del siglo XIX y del que lamentablemente la fragilidad de las realizaciones nos dejó pocos ejemplos.

❑ a lighting system for the hotel and not fall into an eclectic aesthetics which I wanted to avoid for a space with modern elements.

The console tables, plant-pot bases, television armoires, night-tables, were made in a system of velvet and damask upholstery, trimmed with copper tacks, a practice used at the beginning of the 17th. century for the royal furniture and continued until the end of the 19th. century, and of which, sadly, the fragility of the elements has left us very few examples.

LE RESERVOIR

DECORADOR, ESCENOGRAFO / DECORATOR, SCENOGRAPHER:
JEAN PAUL BERNARD
COLABORADORA / COLLABORATOR:
ANNE CECILE RIBEIRO
PINTURAS / PAINT ARTIST:
SYLVESTRE GUENE, MARLENE MILLON
ILUMINACION / ILLUMINATION:
GILBERT MOITY
ESCULTOR / SCULPTOR:
HENRI MONIER
MAQUETAS / MODELS:
JEAN PAUL BERNARD, ANNE CECILE RIBEIRO
FOTOGRAFIAS / PHOTOGRAPHIES:
JEAN PAUL BERNARD
UBICACION / LOCATION:
PARIS
AREA DEL TERRENO / LOT AREA:
300 m² / 985 S.F.
AREA DEL PROYECTO / BUILDING AREA:
300 m² / 985 S.F.
AÑO DEL PROYECTO / PROJECT DESIGN:
1995
AÑO DE CONSTRUCCION / PROJECT CONSTRUCTION:
1995

❑ Situado cerca de la Bastilla, en un barrio popular de París, este depósito albergaba antiguamente un taller de confección de las empresas del metro y ferrocarriles.

La estructura de madera de origen fue el único elemento que pudimos conservar y un trabajo importante de aislación acústica se hizo necesario para este lugar de vocación musical. Efectivamente, actualmente se realizan conciertos de música Rock con toda su fuerza de expresión que atraen a un público joven y también gente vinculada al medio artístico (cine y televisión).

En ese volumen de 5 m de altura, interrumpido por pilares, una araña suspendida por cadenas se impuso como el punto de partida de la espiral barroco-medieval.

Trabajando desde hace varios años sobre la memoria de los objetos, quisimos recrear sobre los muros las huellas del pasado utilizando, para obtener ese efecto, elementos de la Francia rural y agrícola.

El suelo hecho con tablas de madera se termina como una ola bajo el plano horizontal del bar, en hormigón encerado, sobre el que domina un alambique como los utilizados por los destiladores de vinos.

La iluminación concebida con el mismo principio utiliza objetos transformados y desviados de su función inicial permite realzar los diferentes elementos arquitectónicos. El conjunto de espejos sobre los muros que se presentan como una galería de retratos, descomponen las diferentes imágenes del lugar y de los clientes.

El pequeño salón, que se encuentra a la derecha del escenario, envuelto con cortinas nos brinda la oportunidad de encontrarnos en un espacio más íntimo y cálido con reminiscencias orientales. Aquí los muros han sido tratados como frescos patinados por el tiempo.

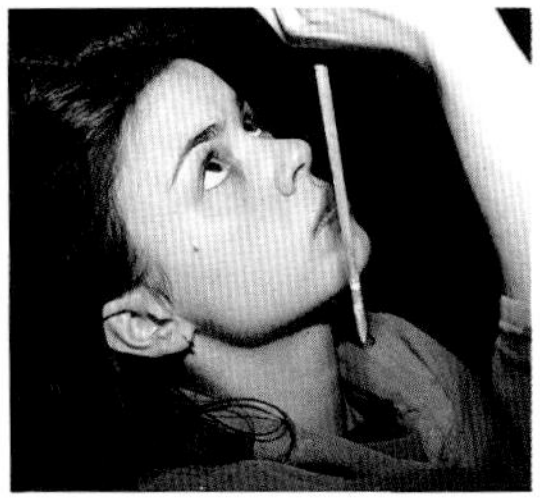

Located close to the Bastille, in a popular Parisian neighborhood, this warehouse used to contain a workshop for the metro and railways transport companies. ❑

The original timber structure was the only element we were able to conserve, and it required important acoustic insulation to adapt this place for its musical vocation. In effect, Rock concerts currently take place here with all their expressive force which attracts a young public and also people linked to the artistic world (cinema and television).

Within this 16 foot high volume, interrupted by pillars, a chandelier suspended with chains rapidly became the starting point of the baroque-medieval spiral.

Having worked for a number of years upon the memory of objects, we wanted to recreate on the walls the footprints of the past, using for this effect, elements of rural and agricultural France.

The wood plank floor ends like a wave below the horizontal plane of the bar, in polished concrete, dominated by an alembic like those used by wine makers.

The lighting conceived upon the same principle uses objects transformed and deviated from their original use, highlighting the different architectural elements. The group of mirrors on the walls which are set like a portrait gallery, disperse the different images of the place and the clients.

The small room, to the right of the stage, wrapped in curtains, gives us the opportunity of finding ourselves in a more intimate and warm space with oriental reminiscence. Here the walls have been treated like frescoes which have aged with time.

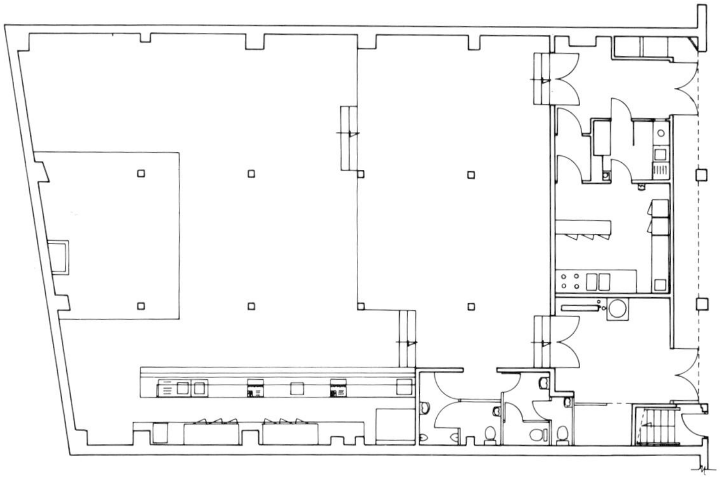

PLANTA / FLOOR PLAN

Le réservoir

BAR-RESTAURANTE BARFLY

BARFLY BAR-RESTAURANT

ARCHITECTOS / ARCHITECTS:
MIGUEL CANCIO MARTINS, AXEL SCHÖNERT
FOTOGRAFIAS / PHOTOGRAPHIES:
EMMANUEL PIRON
UBICACION / LOCATION:
49, AVENUE GEORGE V, PARIS
AREA DEL PROYECTO / BUILDING AREA:
550 m² / 1,805 S.F.
AÑO DEL PROYECTO / PROJECT DESIGN:
1994 - 1995
AÑO DE CONSTRUCCION / PROJECT CONSTRUCTION:
1995

El local situado en la Avenida Jorge V, cerca de la Avenida de los Campos Elíseos, era utilizado como depósito para la distribución de periódicos.

Encontramos una caja vacía en hormigón, profunda y con una fachada angosta.

Allí creamos un bar-restaurante con dos salas comedor en los extremos y un bar en la parte central con una barra de unos 20 m de longitud. La cocina se encuentra en el fondo, los servicios en el sótano y también hay una terraza exterior sobre la calle.

El elemento principal de BARFLY es el bar: este nuevo concepto de bar-restaurante que desde los años 1994 y, estimamos nosotros, hasta el año 2000, va a reemplazar parcialmente a las discotecas por razones económicas y de horarios. Hay un disc-jockey sobre un balcón encima del bar.

La barra ha sido realizada en hormigón revestida con mosaicos de pasta de vidrio multicolor, su forma es longitudinal para enfatizar el volumen existente.

Los muebles y las lámparas de hierro forjado fueron diseñados por nosotros y lo que quisimos fue crear un ambiente tipo loft newyorquino con materiales en bruto, naturales, como el suelo que fue realizado con madera de recuperación de los vagones del ferrocarril.

Las paredes son enlucidas y pintadas con un acabado patinado, los colores son cálidos: dominando los rojos y los naranjas. Las vigas y las columnas fueron revestidas en metal oxidado.

Finalmente el BARFLY es un bar-restaurante a la moda, frecuentado por un público relativamente joven y cosmopolita.

This unit, located on George V Avenue, close to the Avenue of the Champs Elysèes, was used as a warehouse for the distribution of newspapers.

We found an empty concrete box, deep and with a narrow facade.

Here we created a bar-restaurant with two dining rooms, one at each end, and a bar in the middle with a 65 foot long counter. The kitchen is at the back, the services in the basement and there is also an external terrace onto the street.

The main element of BARFLY is the bar: this new bar-restaurant concept which, since 1994 and, we estimate, until the year 2000, will partially replace discotheques due to timetables and economical reasons. There is a disc-jockey on a balcony above the bar.

The counter was made in concrete covered in multicolored glass paste tiles, its shape is longitudinal to emphasize the existing volume.

The furniture and lamps in cast iron were designed by us, and we were seeking to create an atmosphere like a New York loft with rough, natural materials. For example the floor was made from wood recovered from railway cars.

The walls are stuccoed and finished with a patina, the colors are warm: dominated by reds and oranges. The beams and columns were clad in rusty metal.

Finally, BARFLY is a fashionable restaurant, frequented by a relatively young and cosmopolitan public.

Barfly

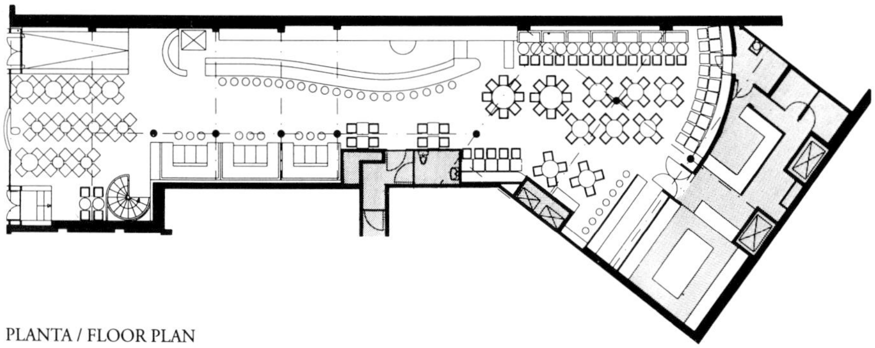

PLANTA / FLOOR PLAN

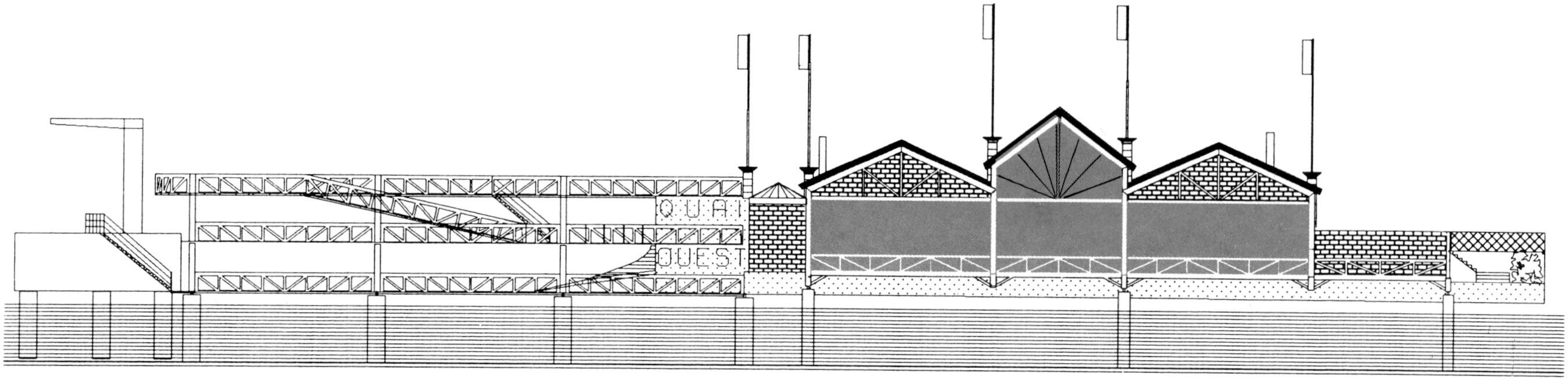

Un desafío: recibir por día casi 1.000 personas, sobre el agua, en las cercanías de París. La realización está al nivel de la inversión: hacer algo nuevo dando la impresión de antiguos docks olvidados desde generaciones y descubrirlos imprevistamente.

La construccion sobre pilotes (de 1 m de diámetro) de una estructura metálica para el garaje y el restaurante fue hecha desde barcazas en el río Sena pues el acceso por tierra era imposible dado que el sitio estaba bordeado de una ruta con mucho tránsito.

La intención fue de construir con materiales de recuperación para dar una pátina y una calidez al conjunto.

Pisos en madera de roble de los vagones del ferrocarril, muebles heterogéneos, ladrillos y metal patinados, puertas de madera de un antiguo banco, sofá recubierto de un Kilim (tela exótica) y viandas de fábricas, perfumes de manjares, y tantos elementos que nos dan la impresión de estar en un antiguo depósito de especias.

La terraza construida sobre el agua y cerrada con ventanales esta separada del resto del depósito por un gran ventanal corredizo de 27 m de largo (formado por tres elementos que desaparecen delante del garaje) nos ofrece una vista total sobre el río Sena y el barrio de negocios de La Defensa: nos sentimos a punto de embarcar.

Es tal la transparencia que el límite entre interior y exterior no se percibe, la sensación que tenemos es la de estar comiendo en el exterior cuando en realidad nos encontramos en el interior.

RESTAURANTE QUAI OUEST

QUAI OUEST RESTAURANT

ARQUITECTO / ARCHITECT:
FRANÇOIS WAPLER
FOTOGRAFIAS / PHOTOGRAPHIES:
G. PONCET DE LAGRAVE
UBICACION / LOCATION:
SAINT CLOUD, PARIS
AREA DEL TERRENO / LOT AREA:
1.520 m² / 4,990 S.F.
AREA DEL PROYECTO / BUILDING AREA:
2.300 m² / 7,548 S.F.
AÑO DEL PROYECTO / PROJECT DESIGN
1990
AÑO DE CONSTRUCCION / PROJECT CONSTRUCTION:
1992

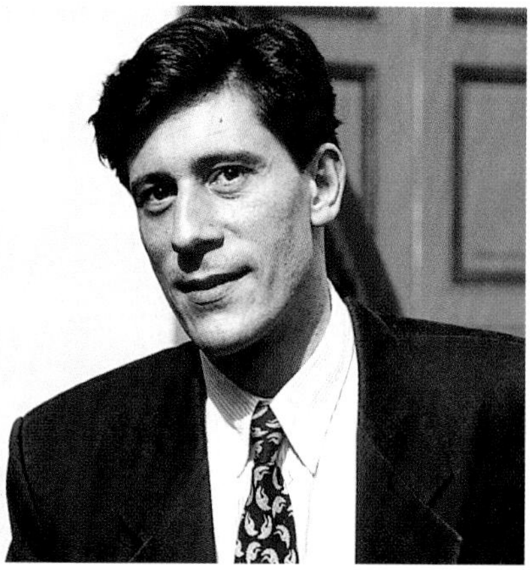

A challenge: to receive almost 1000 people per day, on the water, close to Paris. The development is on a level with the investment: to do something new giving the impression of old dockyard warehouses forgotten for generations and unexpectedly discovered.

The construction on piles (3,3 feet in diameter) of a steel structure for the garage and the restaurant took place from barges on the river Seine, because access from land was impossible as the site was bordered by a highway with heavy traffic.

The intention was to build with recovered materials to give warmth and an effect of age to the building.

Oak floors using wood from railway cars, heterogeneous furniture, aged metal and brick, wooden doors from an old bank, a sofa covered with a Kilim and factory viands , the perfume of delicacies, and so many elements which give us the impression of being inside an old spice store.

The terrace built over the water and enclosed with windows is separated from the rest of the warehouse by a large sliding window, 8 feet long (formed by three sections which disappear in front of the garage), and offers us a total view of the River Seine and the business neighborhood of La Defènse: we feel as if we are about to board.

The transparency is such that the borderline between inside and outside is not perceived, we feel that we are eating outside when in fact we are inside.

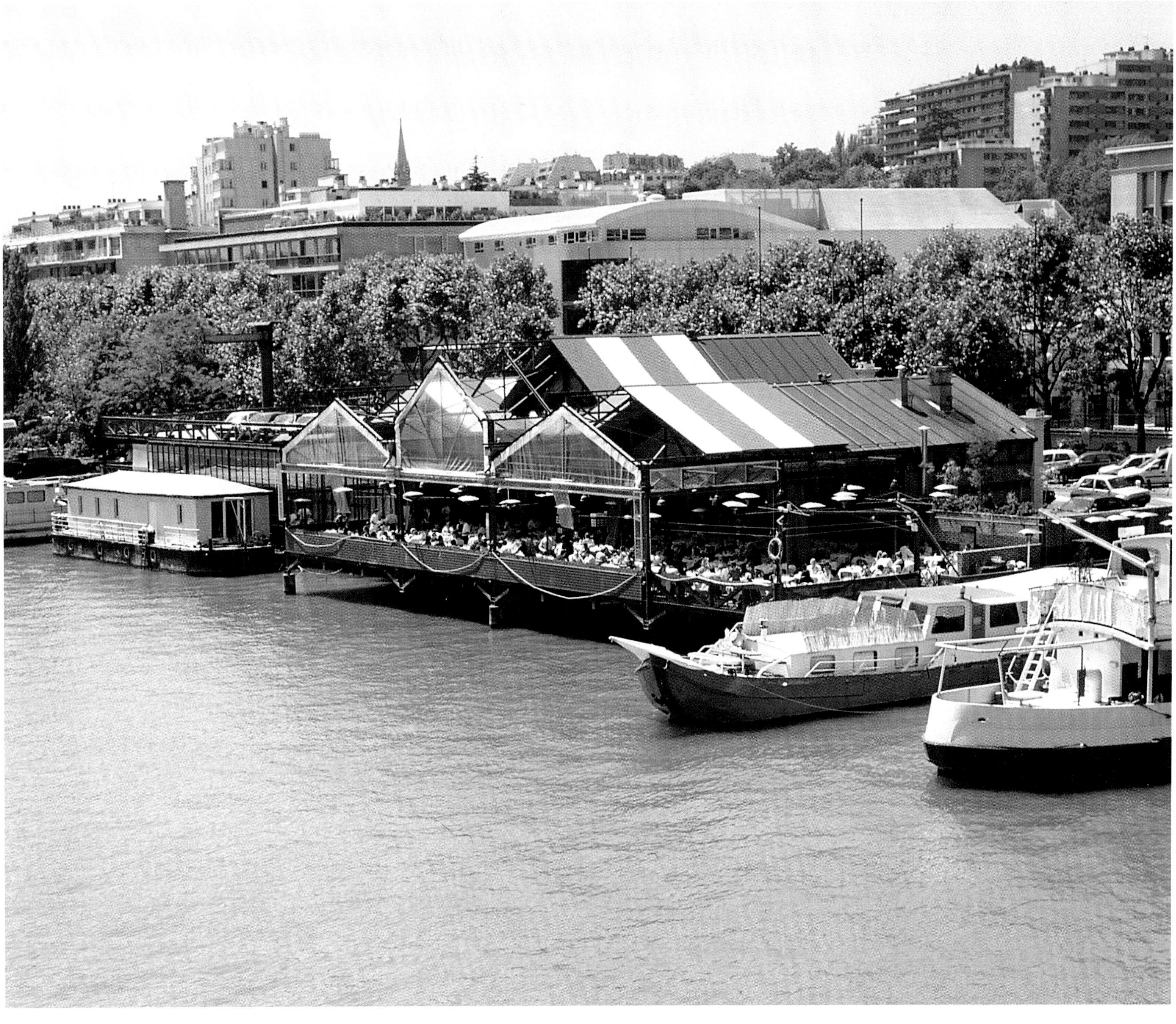

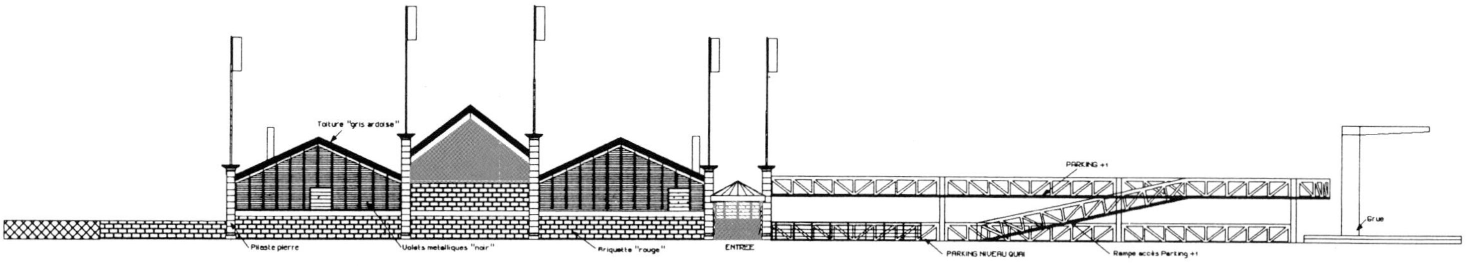

ALZADO / ELEVATION

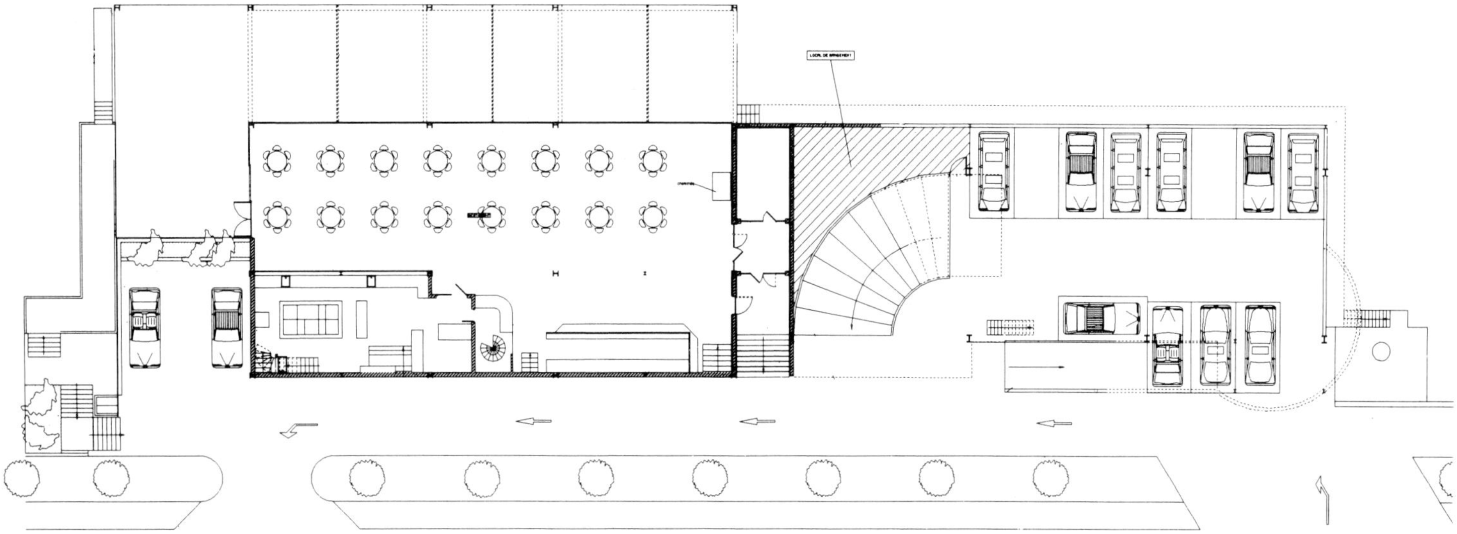

PLANTA BAJA / FIRST FLOOR PLAN

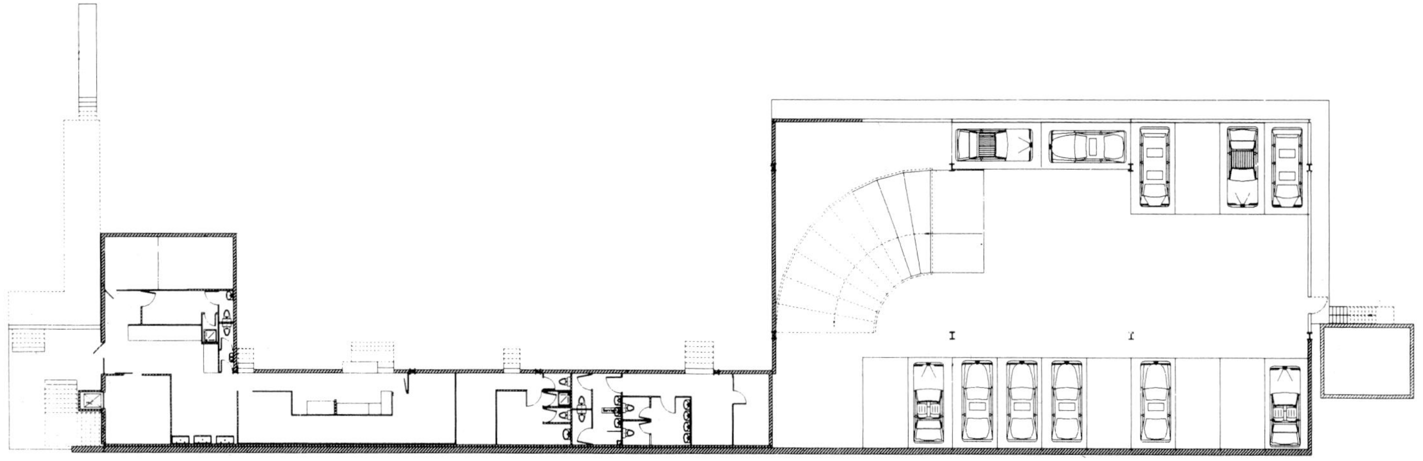

PLANTA PRIMER PISO / SECOND FLOOR PLAN

1200

desserts
fromages
champagnes
chauds

RESTAURANTE L'APPART

L'APPART RESTAURANT

ARQUITECTO / ARCHITECT:
FRANÇOIS WAPLER
COLABORADOR / COLLABORATOR:
R. DUPUCH
DIRECCION DE OBRA / CONSTRUCTION MANAGER:
BOB DUPUCH
FOTOGRAFIAS / PHOTOGRAPHIES:
G. PONCET DE LAGRAVE
UBICACION / LOCATION:
9, RUE DU COLISEE, PARIS
AREA DEL PROYECTO / BUILDING AREA:
350 m² / 1,148 S.F.
AÑO DEL PROYECTO / PROJECT DESIGN:
1994
AÑO DE CONSTRUCCION / PROJECT CONSTRUCTION:
1994

❑ Restaurante "El Departamento" o la manera de transformar un sótano en un cálido y acogedor departamento.

Varios problemas contradictorios, en relación al objetivo fijado, estimularon nuestra imaginación:

- techos muy bajos (2,05 m).
- ausencia de luz natural.
- problemas de seguridad de los clientes.
- aireación del local.
- que el decorado no fuera ficticio.

Desde la entrada del restaurante se despliegan las diferentes "habitaciones", se encadenan unas a otras. El "comedor" esta revestido de tela Canovas, la "cocina" cubierta con azulejos españoles frente a la cocina abierta del restaurante.

Entrando a la derecha se encuentra una extensión realizada en 1996 que es el salón tipo "castillo" donde los revestimientos de madera de roble se codean con las telas Nobilis.

En el sótano está situado el bar, la barra de 20 m de perímetro, se utiliza para almorzar y también recibe a los clientes que esperan una mesa. El rincón "biblioteca" de pino color miel rodea este lugar de animación.

La relación entre las diferentes "habitaciones" y la unidad del restaurante están dadas por el piso de madera de caoba patinado a la antigua y por el color del cielorraso.

Debido a la poca altura del techo decidimos hacerlo de color negro y para que éste fuera "invisible" colocamos una faja de espejos de 30 cm de ancho en todo su perímetro, de esta manera desaparece la referencia de la altura del local. El volumen de las habitaciones parece más importante.

"The Apartment" Restaurant or how to transform a basement into a warm and cozy apartment. ❑

Various contradictory problems, in relation to the established objective, stimulated our imagination:

- very low ceilings (7.2 feet).
- absence of natural light.
- safety problems of the clients.
- ventilation of the unit.
- that the decoration should not be fake.

From the entrance to the restaurant the different "rooms" open up, linking into each other. The "dining room" is finished in Canovas fabric, the "kitchen" covered in Spanish tiles in front of the restaurant's open kitchen.

Coming in, on the right, there is an extension made in 1996 which is the "castle" hall where oak finishes sit side by side with Nobilis fabrics.

In the basement we find the bar, the counter with a perimeter of 65 feet, used for lunch and also to receive clients who are waiting for a table. The "library" corner in honey colored pine surrounds this animated area.

The relationship between the different "rooms" and the unity of the restaurant are established by the aged mahogany wood floor and by the color of the ceiling.

Due to the low height of the ceiling we decided to make it black and for it to become "invisible" we placed a 1 foot wide strip of mirror all around the perimeter, in this way the height reference disappears. The volume of the rooms seems more important.

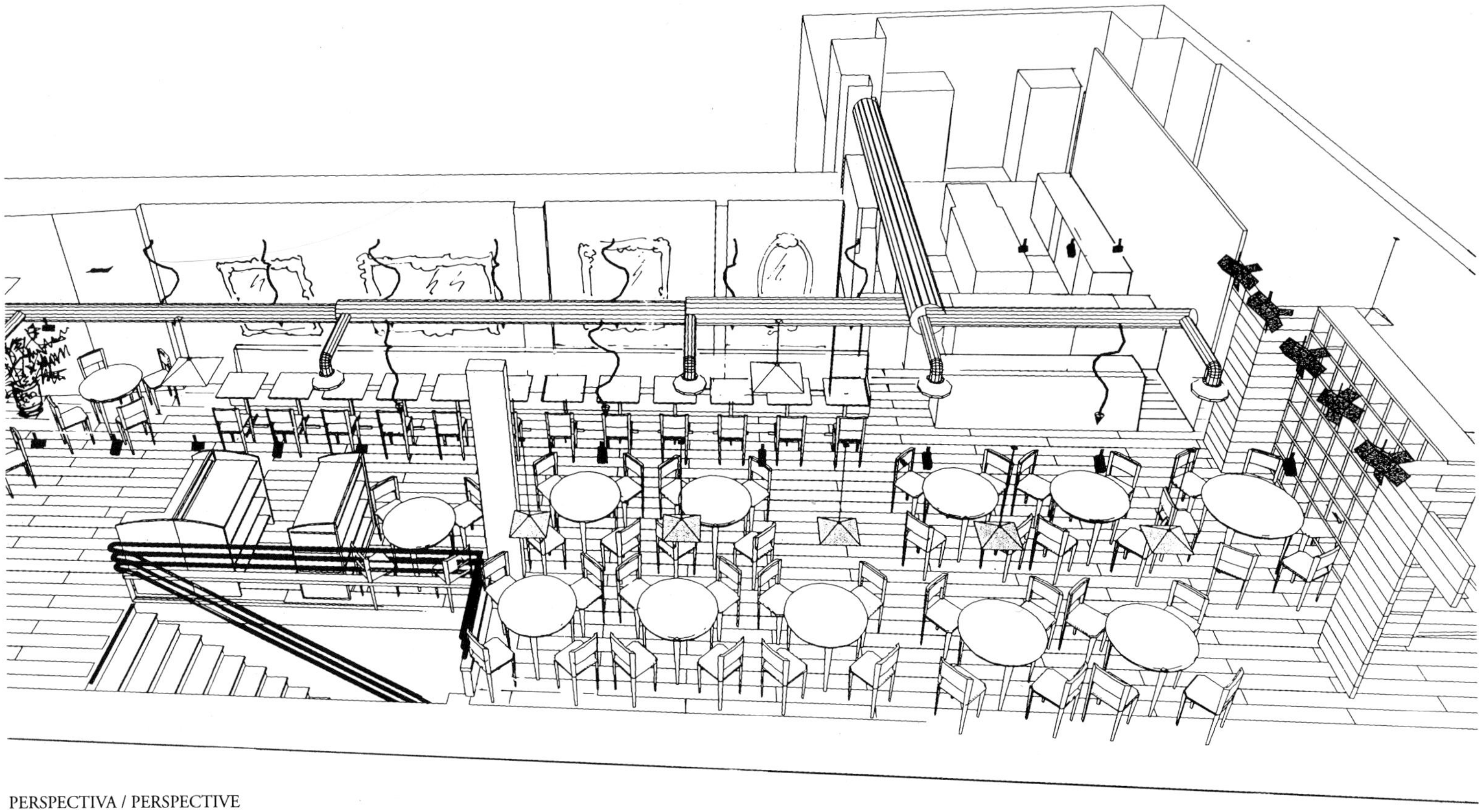

PERSPECTIVA / PERSPECTIVE

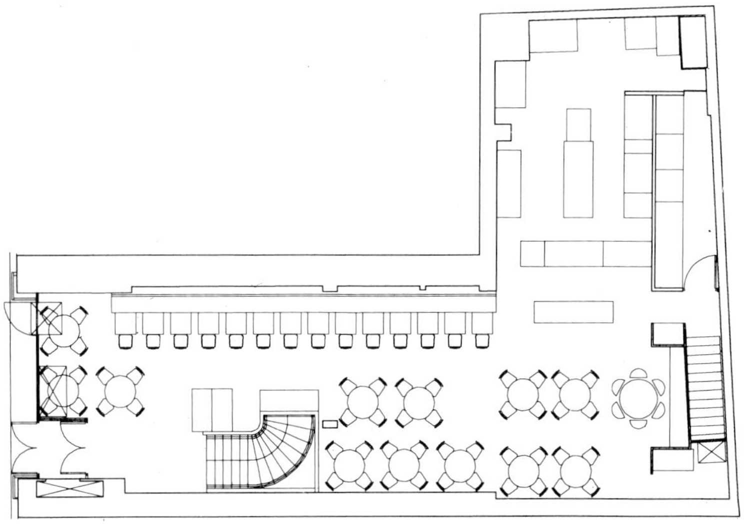

PLANTA BAJA / FIRST FLOOR PLAN

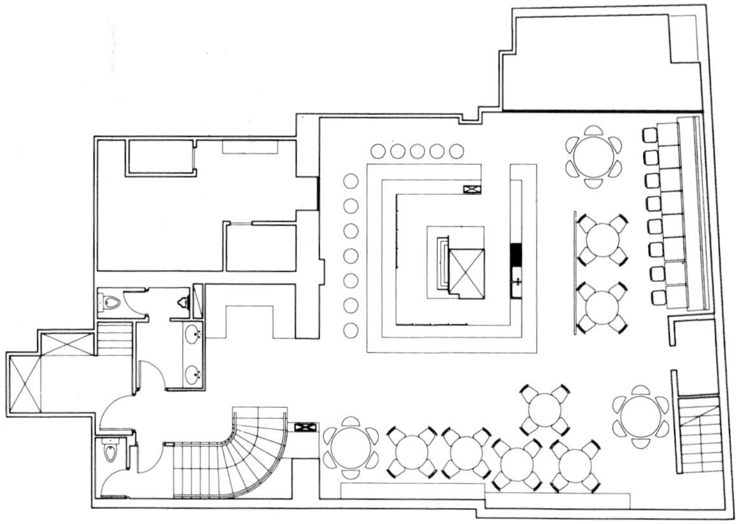

PLANTA PRIMER SUBSUELO / FIRST SUBSOIL PLAN

l'appart

RESTAURANTE DEBARCADERE

DEBARCADERE RESTAURANT

ARQUITECTO / ARCHITECT:
FRANÇOIS WAPLER
COLABORADORA / COLLABORATOR:
DELPHINE CHEVALIER
FOTOGRAFIAS / PHOTOGRAPHIES:
EMMANUEL PIRON
UBICACION / LOCATION:
11, RUE DU DEBARCADERE, PARIS
AREA DEL TERRENO / LOT AREA:
405 m² / 1,330 S.F.
AREA DEL PROYECTO / BUILDING AREA:
290 m² / 952 S.F.
AÑO DEL PROYECTO / PROJECT DESIGN:
1995
AÑO DE CONSTRUCCION / PROJECT CONSTRUCTION:
1996

A partir de un antiguo garaje de neumáticos, se creó un restaurante-bar acogedor.

La primera dificultad fue la de realizar una caja dentro de una caja para garantizar la tranquilidad de los habitantes del edificio de departamentos.

Para perfeccionar la aislación acústica y mejorar el confort de los clientes, evitando los fenómenos de resonancia, un segundo cielorraso suspendido fue colgado del primero.

Para aprovechar la luz natural cenital en el fondo de la sala, difundida por una antigua cristalera de 20 m² y al mismo tiempo valorizarla, el partido adoptado fue de concebir la fachada sobre la calle muy cerrada, haciendo penetrar la luz a través de ventanas altas y angostas.

El mobiliario compuesto de sillas y sillones de terciopelo arrugado, que da una gran sensación de confort, contrasta con los materiales de los muros, chapas y tablas de aspecto rústico.

Las luminarias del bar realizadas con antiguos aislantes eléctricos de suspensiones catenarias expresan y unen la industria con el placer de vivir.

Las dos arañas realizadas por Cyrille Varet juegan con la dureza del metal bruto y con el frío del vidrio en una composición cálida y flexible.

Una gran barra recibe a la clientela que puede esperar su mesa bajo un entrepiso instalado en sillones y sofás compactos que fueron diseñados bajos para hacer olvidar la poca altura del cielorraso.

La relación entre las zonas del restaurante es la pátina que llamamos "fuego" y que fue realizada en cinco capas sucesivas.

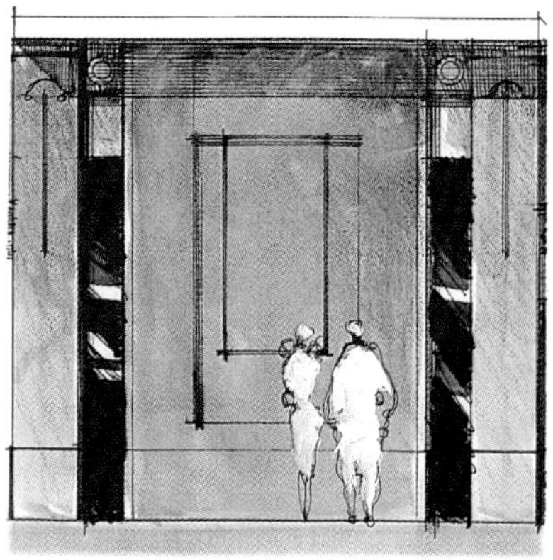

A cozy bar-restaurant was created from an old car-tire garage.

The first difficulty was to create a box within a box to guarantee the tranquillity of the inhabitants of the apartment building.

To perfect the acoustic insulation and improve the comfort of the clients, avoiding resonance, a second suspended ceiling was hung below the first.

To take advantage of the natural light from an antique crystal skylight at the back of the room, and at the same time highlight this element, the concept adopted was to design a very closed facade onto the street, making the light penetrate through tall narrow windows.

The furniture consisting of chairs and armchairs in crushed velvet, which gives a great feeling of comfort, contrasts with the materials of the walls, steel sheets and rustic planks.

The light fitting for the bar, made from old electrical insulators from catenary suspension cables, expresses and links industry with the pleasure of living.

The two chandeliers made by Cyrille Varet play with the hardness of brute metal and the coldness of glass within a warm and flexible composition.

A large bar counter receives the clients who can await their table below a mezzanine furnished with compact armchairs and sofas designed very low so as to make one forget the reduced ceiling height.

The relationship between the restaurant areas is the patina we call "fire" which was done in five successive coats.

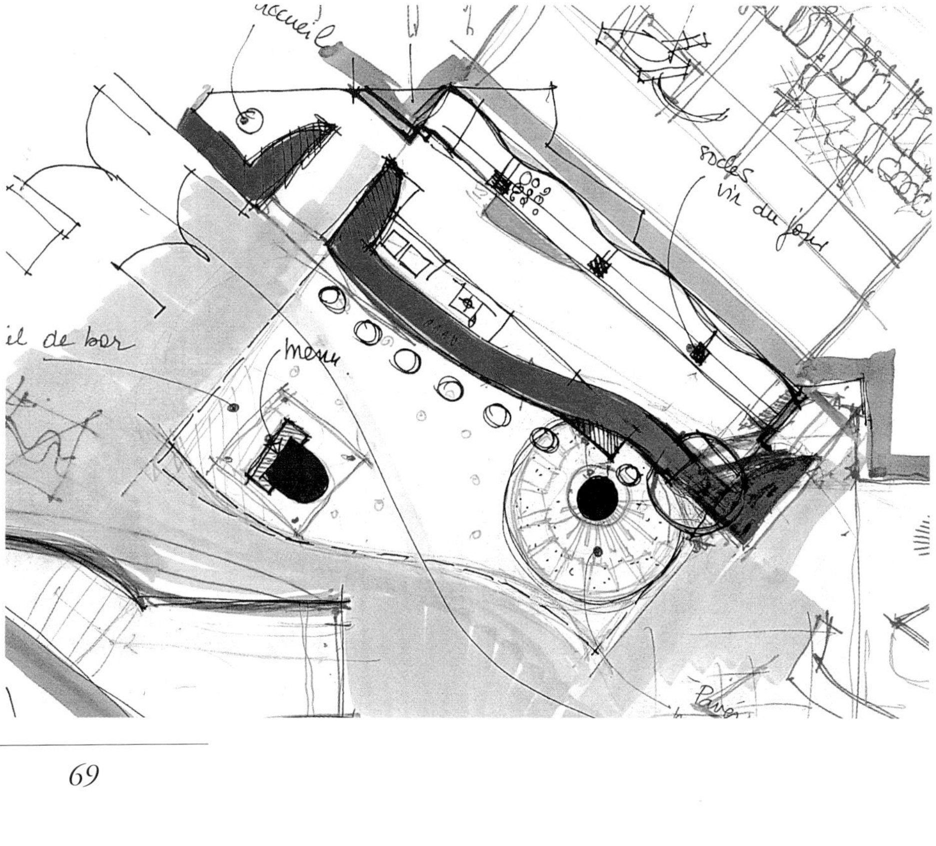
menu.

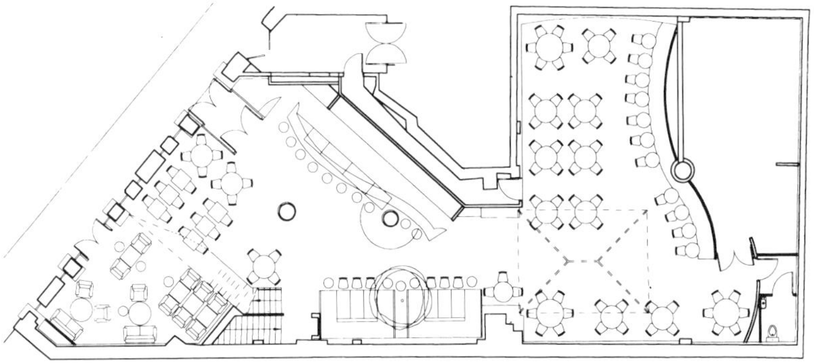

PLANTA/ FLOOR PLAN

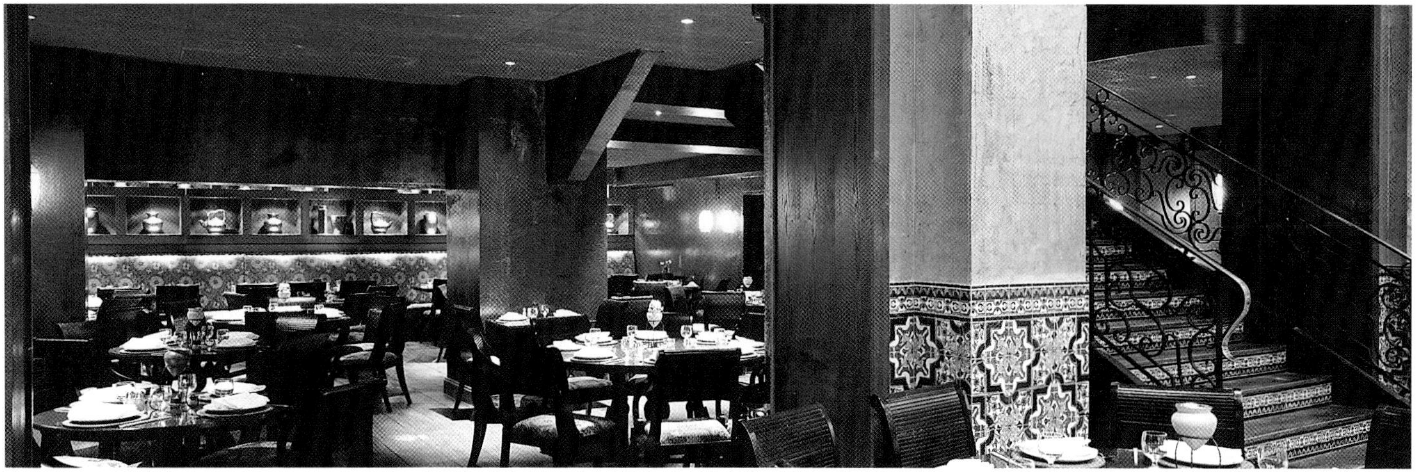

BUDDHA BAR

ARQUITECTOS / ARCHITECTS:
MIGUEL CANCIO MARTINS, FRANÇOIS WAPLER
COLABORADOR / COLLABORATOR:
ROBERT DUPUCH
DIRECCION DE OBRA / CONSTRUCTION MANAGER:
BOD DUPUCH
PINTURAS, ESCULTURAS / PAINTINGS, SCULPTURES
B. TANQUEREL, P. MICHEL
FOTOGRAFIAS / PHOTOGRAPHIES:
EMMANUEL PIRON
UBICACION / LOCATION:
8, RUE BOISSY D'ANGLAS, PARIS
AREA DEL PROYECTO / BUILDING AREA:
1.000 m² / 3,280 S.F.
AÑO DEL PROYECTO / PROJECT DESIGN:
1995
AÑO DE CONSTRUCCION / PROJECT CONSTRUCTION:
1996

La concepción del BUDDHA BAR es el resultado de viajes, del aporte de diferentes culturas, de la moda y del concepto de bar-restaurante y música; del propietario, el mismo del restaurante Barfly y de los arquitectos.

La moda es la cocina asiática en los EE.UU.

Este restaurante nació luego del hallazgo de un extraño y antiguo local de archivos situado en un sótano cerca de la Plaza de la Concordia: un entrepiso con arcadas alrededor de un vacío central que sugirió a los arquitectos la idea de un templo oriental y de su BUDA.

Así crearon este restaurante de 250 comensales que puede recibir, con el bar, a más de 400 personas.

El menú, muy estudiado es una combinación de diferentes cocinas asiáticas, para el paladar europeo, orquestada por un "Chef" americano de origen japonés.

Los arquitectos siguen desarrollando la idea de bar-restaurante y música. Una gran barra-dragón y un disc-jockey producen una animación y un ambiente informal en el nivel del entresuelo para una clientela joven de distintos orígenes.

En el sótano, el restaurante, más formal, recibe a los comensales: gente de buena posición social, artistas, actores, modelos. Muy a la moda.

Para los arreglos interiores los arquitectos utilizaron referencias y colores orientales: como el rojo, el dorado y el negro, también para el mobiliario y las cuatro grandes arañas.

En el sótano *"en las naves laterales del templo"* un muro con nichos expone un conjunto de vasijas, cerámicas europeas que nos recuerdan esa gran tradición china.

La presencia de azulejos portugueses en las escaleras y en los zócalos nos transporta a Macao.

The concept of the BUDDHA BAR is the result of travels, of the contributions of different cultures, of fashion and the concept of bar-restaurant and music; of the owner, the Barfly restaurant itself and of the architects.

The fashion is Asian cuisine in the U.S.A.

This restaurant was born after the discovery of a strange antique archive located in a basement close to the *Place de la Concorde*: a mezzanine with arches around a central void which suggested to the architects the idea of an oriental temple and its BUDDHA.

Thus they created this 250 seat restaurant which can receive, including the bar, more than 400 people.

The menu, very studied, is a combination of different Asian cuisines directed to the European palate, orchestrated by an American-Japanese "Chef".

The architects continue to develop the idea of bar-restaurant and music. A great dragon-counter and a disc-jockey produce an animated and informal atmosphere on the mezzanine level for a young public of varied origin.

In the basement, the restaurant, more formal, receives the clients: people of good social standing, artists, actors, models. Very fashionable.

For the interiors the architects used oriental references and colors: such as red, gold and black, as with the furniture and the four great chandeliers.

In the basement *"in the side naves of the temple"* a wall with niches exhibits a collection of vases, European ceramics which remind us of that great Chinese tradition.

The presence of Portuguese tiles on the stairs and the wall bases transport us to Macao.

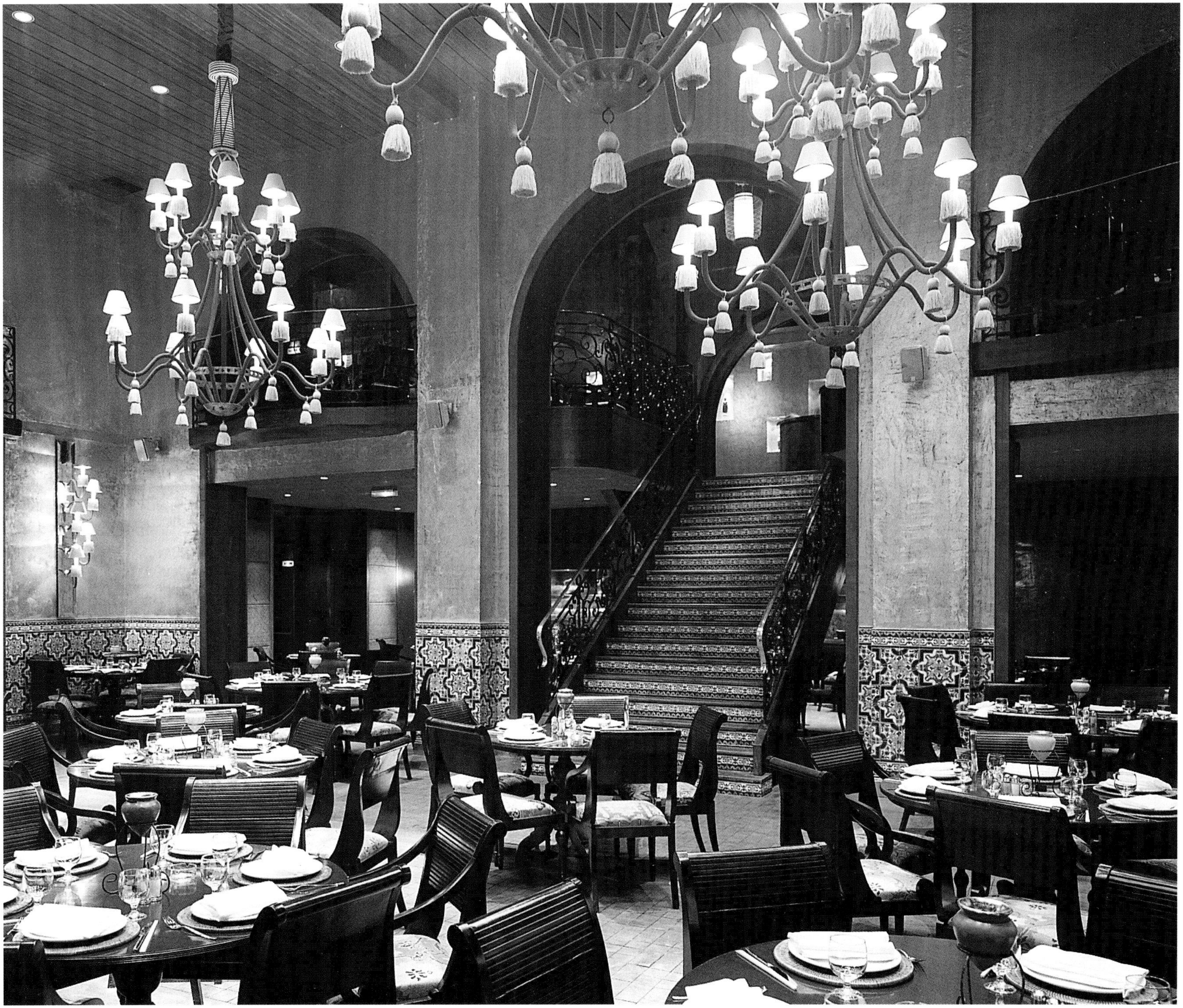

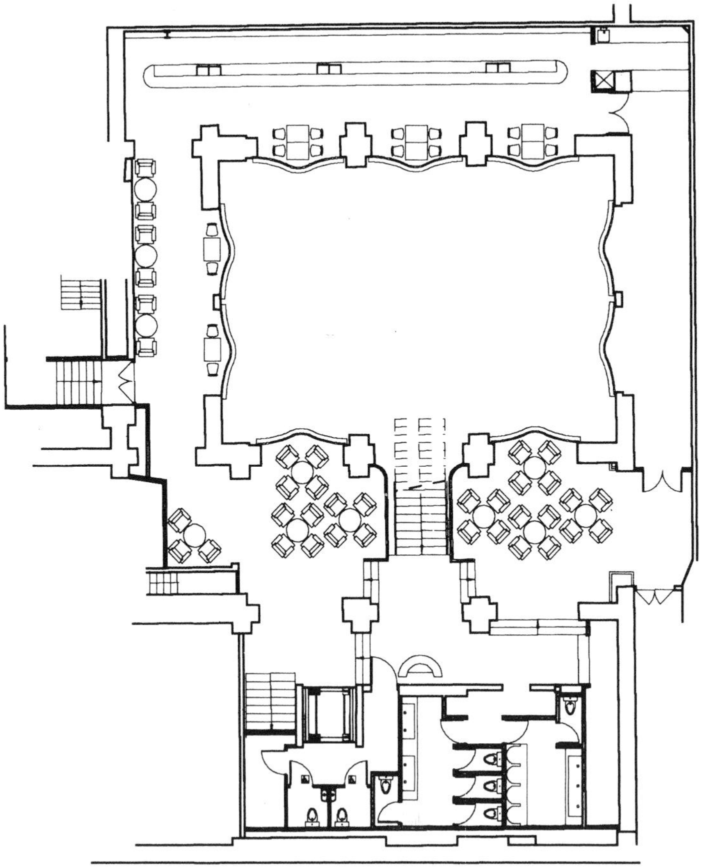

PLANTA ENTREPISO / MEZZANINE LEVEL

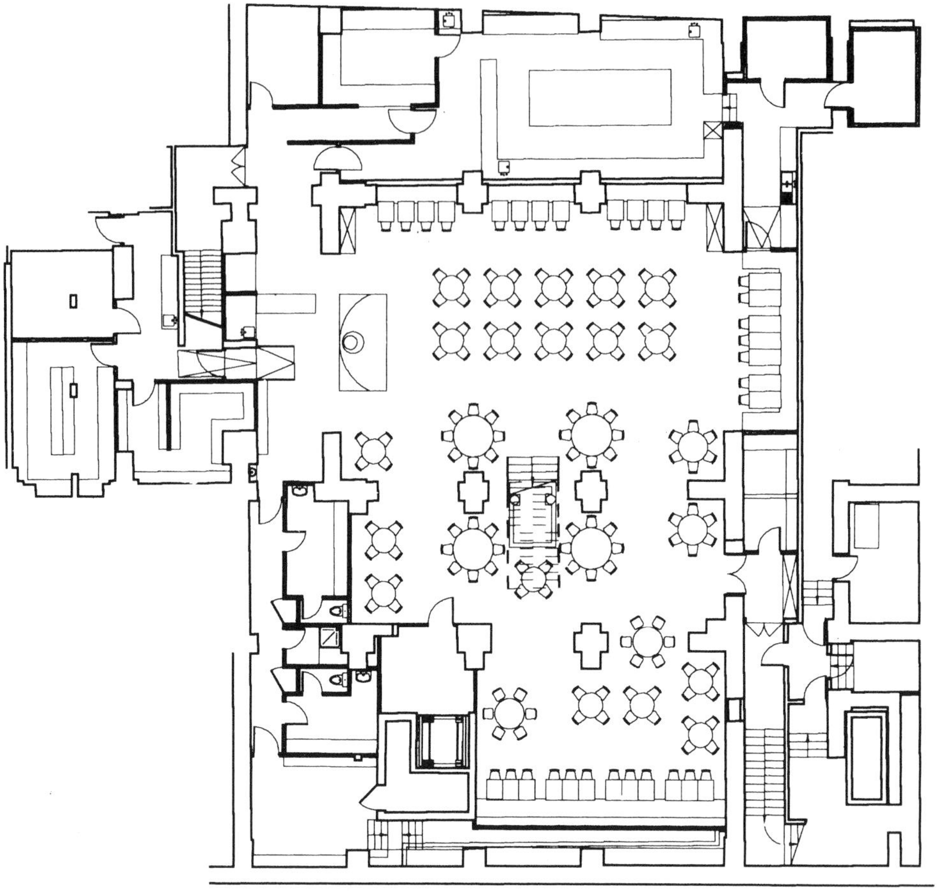

PLANTA SOTANO / BASEMENT PLAN

buddha-bar

佛

buddha-bar

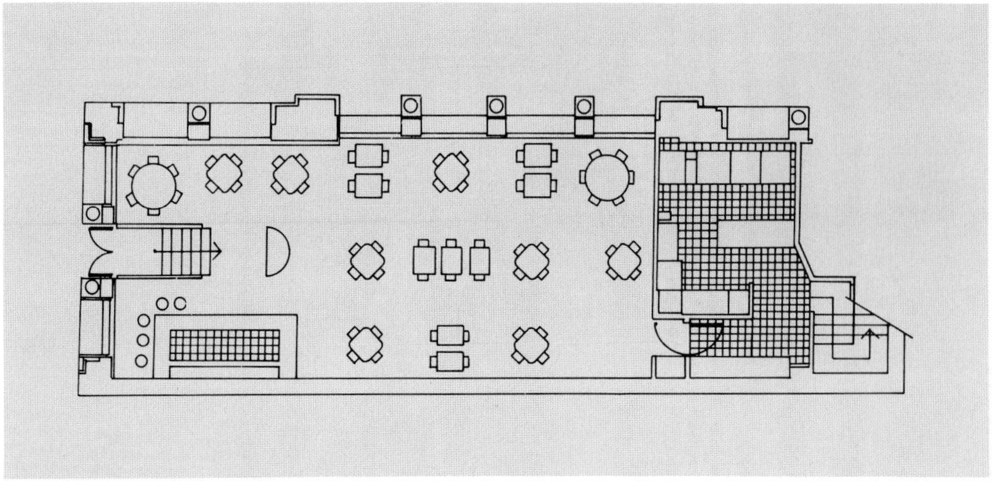

Este restaurante localizado en el corazón del Tribeca se desarrolla en un espacio único en la planta baja de un edificio en esquina que data de 1870. El proyecto incluye la renovación de 120 m^2, con una fachada de columnas y pilastras de hierro fundido.

El diseño está marcado por un entorno austero reflejando la simpleza de la cocina del norte de Italia de la región del Veneto. Al entrar a este espacio austero se pone en evidencia que la luz y el color son su esencia. Las paredes con pigmentos color siena están terminadas plásticamente, como fueron trabajadas las paredes de las iglesias venecianas desde el siglo XIV con una técnica denominada "*grassello*". El conjunto de luminarias baña de luz las paredes y crea un ambiente diáfano que se refleja en todo el equipamiento y la gastronomía.

La zona de bar, localizada junto al acceso cuenta con materiales como el roble y algunos metales confiriéndole un interés diferente a la entrada.

Esta obra es un típico ejemplo del estilo de este Estudio y su filosofía de diseño, con una simplicidad casi monástica, y ciertos rasgos de familiaridad.

El nuevo Arquá rememora la ciudad donde naciera el poeta italiano Petrarca, como así también los dueños de este restaurante.

RISTORANTE ARQUA

ARQUITECTOS / ARCHITECTS:
STUDIO MORSA
ANTONIO MORELLO, DONATO SAVOIE
FOTOGRAFIAS / PHOTOGRAPHIES:
DONNA DAY
UBICACION / LOCATION:
NEW YORK, USA
AREA DEL PROYECTO / BUILDING AREA:
830 m^2 / 9,000 S.F.
AÑO DEL PROYECTO / PROJECT DESIGN
1987
AÑO DE CONSTRUCCION / PROJECT CONSTRUCTION:
1988

This restaurant, located in the heart of the Tribeca, is developed within a unique space on the first floor of a corner building which dates back to 1870. The project includes the renovation of 1,300 sq. feet, with a facade of cast iron columns and pilasters. The design is characterized by the austerity of the space which reflects the simplicity of the cooking of northern Italy and the Veneto region. On entering this austere space it becomes evident that light and color are its essence. The walls, pigmented in tones of sienna, are finished in the same manner in which the walls of the venetian churches have been finished since the XIV century, with a technique known as "*grassello*". The group of light fixtures washes the walls with light and creates a diaphanous atmosphere which is reflected in all the furnishing and the food.

The bar area, located next to the entrance, includes materials such as oak and some metals, giving it a special interest as one enters.

This project is a typical example of the style of this practice and their design philosophy, with an almost monastic simplicity, and certain familiar features.

The new Arquá recalls the city which was the birthplace of the Italian poet Petrarca, and also of the owners of this restaurant.

ARQUA

RISTORANTE
ARQUA

DONALD SACKS

ARCHITECTOS / ARCHITECTS:
STUDIO MORSA
ANTONIO MORELLO, DONATO SAVOIE
FOTOGRAFIAS / PHOTOGRAPHIES:
EDUARD HUEBER
UBICACION / LOCATION:
COURTYARD, WORLD FINANCIAL CENTER, NEW YORK, USA
AREA DEL PROYECTO / BUILDING AREA:
740 m² / 8,000 s.f.
AÑO DEL PROYECTO / PROJECT DESIGN:
1988
AÑO DE CONSTRUCCION / PROJECT CONSTRUCTION:
1989

En el *master plan* para el World Financial Center del arquitecto César Pelli, el espacio ubicado entre las torres Merrill Lynch y American Express fue originalmente abierto. Más tarde el Studio Morsa conceptualizó un plan más ajustado para esta área.

A partir de las consultas con las partes interesadas, incluyendo developers, arquitectos, propietarios, entre otros, se presentó la idea del "*Courtyard*", es decir, una serie de restaurantes contenidos en un cerramiento piramidal vidriado. El plan consistió en dos hileras de restaurantes cuyas fachadas se enfrentan, recreando una bulliciosa calle interna.

Para mantener la unidad y al mismo tiempo crear la identidad de cada centro gastronómico, se diseñaron una serie de estructuras superiores metálicas con diferentes formas para cubrir cada espacio.

Los metales de los casquetes como el cobre, el acero o el bronce crean sensaciones multicolores en los pisos brillantes de mármol.

Frente a este contexto de riqueza visual, el Donald Sacks se distingue por oposición sin que disminuya la sensación de calidad. Gran luminosidad, pisos blancos se complementan con paneles de caoba, metal vidrio y granito negro, como también un toque final de gráficos y luces halógenas de bajo voltaje. Las zonas de bar, comidas calientes y frías y el display de comidas y vinos son visibles desde las áreas de mesas y el resto del *Courtyard.*

In architect Cesar Pelli's masterplan for the World Financial Center, the space between the two towers - Merrill Lynch and American Express- was originally open. Later, Studio Morsa developed the concept of a tighter plan for this area.

Based on consultations with the interested parties, including developers, architects, and owners, among others, the idea of the "Courtyard" was developed; namely, a series of restaurants contained within a glazed pyramid. The plan consisted of two rows of restaurants, their facades facing each other, recreating a busy internal street.

To maintain the overall unity, at the same time retaining the identity of each restaurant, a series of metal roof structures were designed in different shapes to cover each space.

The different metals used in these structures such as copper, steel or brass, create multi-colored reflections on the polished marble floors.

Inserted within this rich visual context, Donald Sacks stands out by opposition without diminishing the feeling of quality. Very luminous, white floors complemented with mahogany panels, metal, glass and black granite, as well as a final touch of graphics and low voltage halogen lighting. The bar, hot and cold food areas, and the food and wine displays are all visible from the seating areas and the rest of the Courtyard.

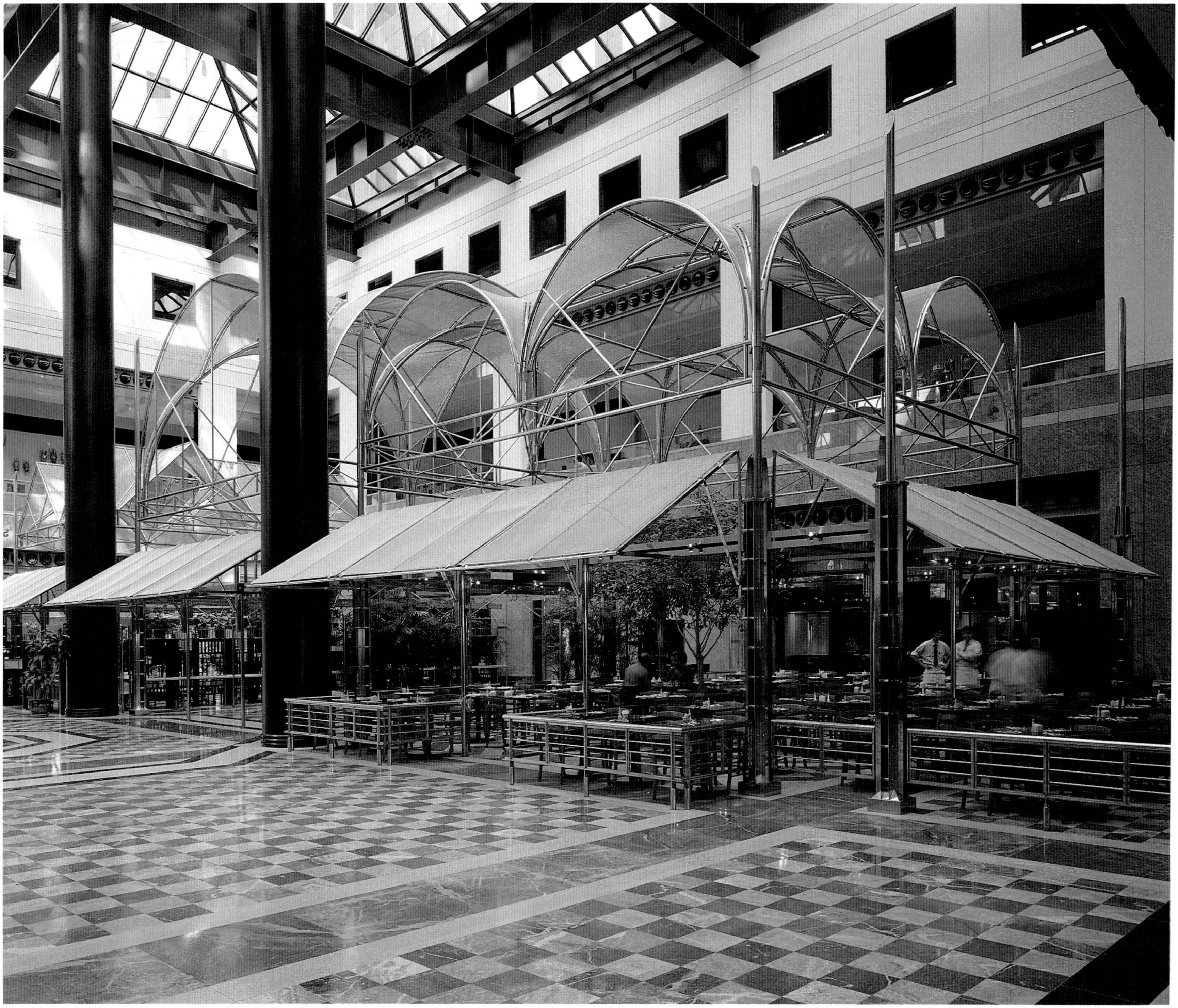

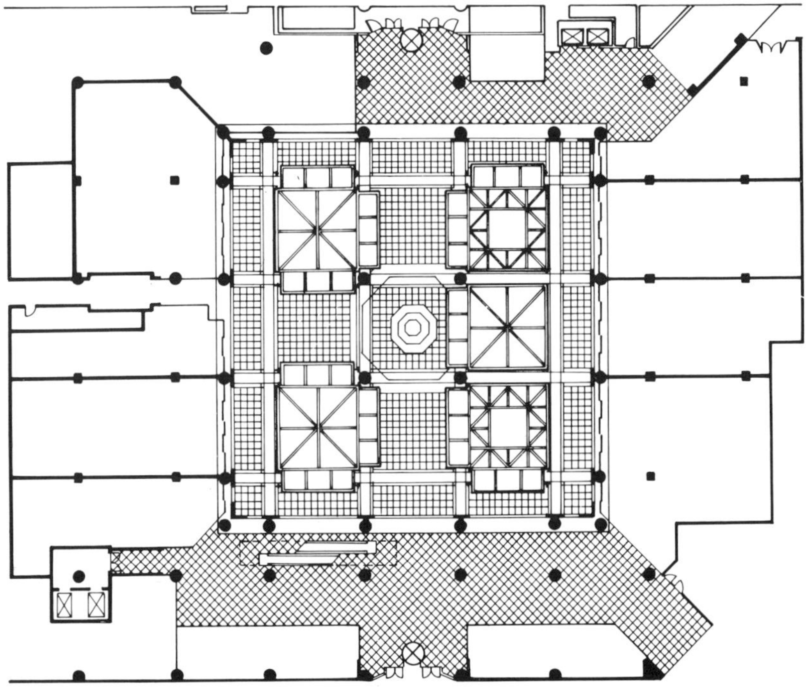

PLANTA / FLOOR PLAN

Es un restaurante italiano situado en el corazón del Soho, cuya especialidad es la cocina piamontesa. Este diseño explora una búsqueda de doble lectura: en primer lugar crear un mensaje homogéneo entre tres edificios separados y no relacionados entre sí; en segundo lugar "inventar" un ambiente de comidas distinguido. Este sitio está implantado en un vecindario con muchas galerías de arte y la mayoría de sus edificios se han refuncionalizado, cambiando su tipología original.

Este local ha tenido como guía principal de diseño la simplicidad y el minimalismo, lo que provoca una competencia con el entorno. La austera fachada del Barolo está compuesta por una gran puerta verde de metal y vidrio que abre a la calle. Por dentro, el restaurante se caracteriza por áreas de comidas despojadas de decoración, mientras las paredes muestran la fina técnica del "*grassello*" logrado con polvo de mármol mezclado con pigmentos y revoque durante la construcción, teniendo como resultado una calidad casi tridimensional. El piso es de piedra gris, mármol de Carrara blanco y mosaico terracota.

Para exaltar la pulcritud, luces halógenas fueron usadas en artefactos italianos así como otras adicionales en nichos ubicados en columnas metálicas.

El resultado es una clara manera de marcar la dirección de los espacios, articulados por los elementos arquitectónicos existentes y el uso de los materiales con reminiscencias italianas.

RISTORANTE BAROLO

ARQUITECTOS / ARCHITECTS:
STUDIO MORSA
ANTONIO MORELLO, DONATO SAVOIE
FOTOGRAFIAS / PHOTOGRAPHIES:
EDUARD HUEBER
UBICACION / LOCATION:
NEW YORK, USA

This is an Italian restaurant located in the heart of Soho, and Piedmontese cooking is its specialty. This design explores a double objective: in the first place to create a homogeneous message between three separate buildings unrelated to each other; in the second place to "invent" a distinguished eating atmosphere. This place is inserted within a neighborhood full of art galleries, and where most of the buildings have been refurbished, changing their original function.

The main design criteria adopted for this project were simplicity and minimalism, which effectively provoke a competition with its surroundings. The austere facade of the Barolo consists of a great green glass and metal door which opens onto the street. Inside, the restaurant is characterized by eating areas with absolutely no decoration, while on the walls we can see the fine "*grassello*" technique obtained by mixing marble dust and pigments into the stucco during construction. The result has an almost three-dimensional quality. The floor is gray stone, white Carrara marble and terra-cotta tiles.

To highlight the cleanliness of the design, halogen lights were used in Italian fittings, as well as additional ones within recesses in metal columns.

The result is a clear way of establishing the direction of the spaces, articulated by the existing architectural elements and the use of materials reminiscent of Italy.

PLANTA / FLOOR PLAN

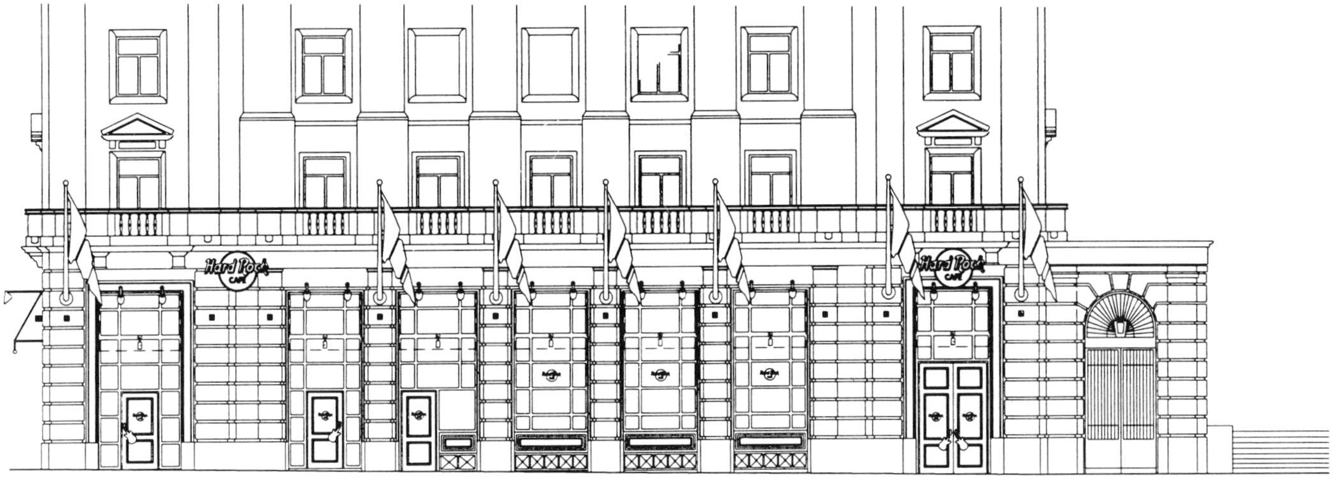

HARD ROCK CAFE

ARQUITECTO / ARCHITECT:
CARLOS LANGDON
DISEÑADOR ADICIONAL / ADDITIONAL PROJECT DESIGNER:
CHARLES DABOUB, ARQUITECTO / ARCHITECT (USA)
DECORADORES ADICIONALES / ADDITIONAL DECORATORS:
STEVE ROUTHIER, TERRI SIMPSON
UBICACION / LOCATION:
MADRID, ESPAÑA
AREA DEL PROYECTO / BUILDING AREA:
1.200 m² 12,800 S.F.
AÑO DEL PROYECTO / PROJECT DESIGN:
1993
AÑO DE CONSTRUCCION / PROJECT CONSTRUCTION:
1994

En Hard Rock Café la decoración y la ambientación define un lugar único, donde confluyen usos que van desde el comer una buena hamburguesa, tomar cerveza fría y escuchar buena música, como así también el del Museo del Rock.

Hard Rock Café posee el mayor museo de objetos originales de artistas de rock del mundo, con más de 22.000 objetos que forman parte de la decoración de todos los Hard Rock Café. Ha sido denominado el "Smithsonian del Rock'n Roll". La extensa colección, que decora los Hard Rock del mundo, representa toda la historia del rock con objetos de artistas tan significativos como John Lennon, Elvis Presley, Madonna, Michael Jackson, los Rolling Stones y muchos otros.

Es por esto que cada elemento dentro de Hard Rock Café no es simplemente decoración sino que posee una entidad propia y la atmósfera nos revela en cada momento, ese vínculo indisoluble con el mundo del rock.

El Hard Rock Café Madrid reparte su superficie en dos niveles. La planta superior cuenta con una amplia terraza y un auténtico Cadillac rosa decora la barra principal. La planta inferior, llamada sala Nueva York, tiene una maqueta tridimensional invertida de Manhattan, colgada del techo.

SAVE THE PLANET
Hard Rock
CAFE ®
MADRID

In the Hard Rock Café the decoration and theming define a unique place, where different uses come together: from eating a good hamburger, to drinking a cold beer and listening to good music, also including the Museum of Rock.

The Hard Rock Café possesses the largest museum of original rock artists' memorabilia in the world, with over 22,000 objects forming part of the decor of all the Hard Rock Cafés. It has been called the "Smithsonian of Rock'n Roll". The extensive collection, which decorates the Hard Rocks of the world, represents all the history of rock with objects from artists of such significance as John Lennon, Elvis Presley, Madonna, Michael Jackson, and the Rolling Stones, among many others.

This is why each item within the Hard Rock Café is not simply part of the decor but rather an element with its own identity, and the atmosphere is a constant reminder of that unbreakable connection with the world of rock.

The Hard Rock Café Madrid splits its floor area on two levels. The upper floor has a large terrace and an authentic pink Cadillac adorns the main bar. The lower level, called the New York room, has an inverted three-dimensional model of Manhattan hanging from the ceiling.

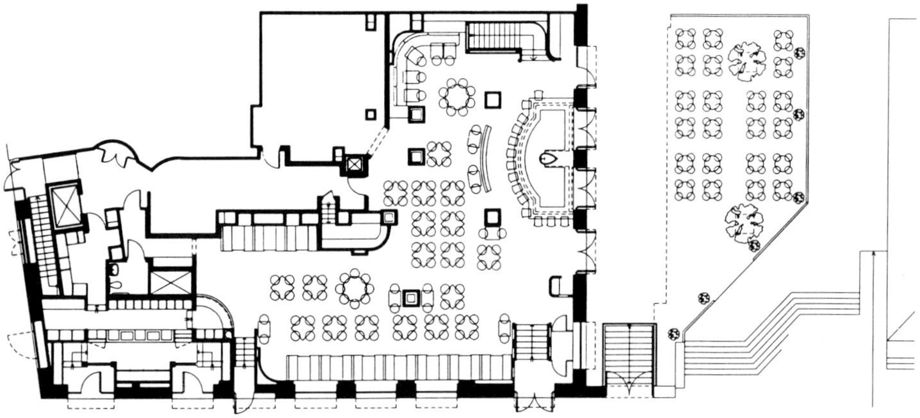

PLANTA BAJA / FIRST FLOOR PLAN

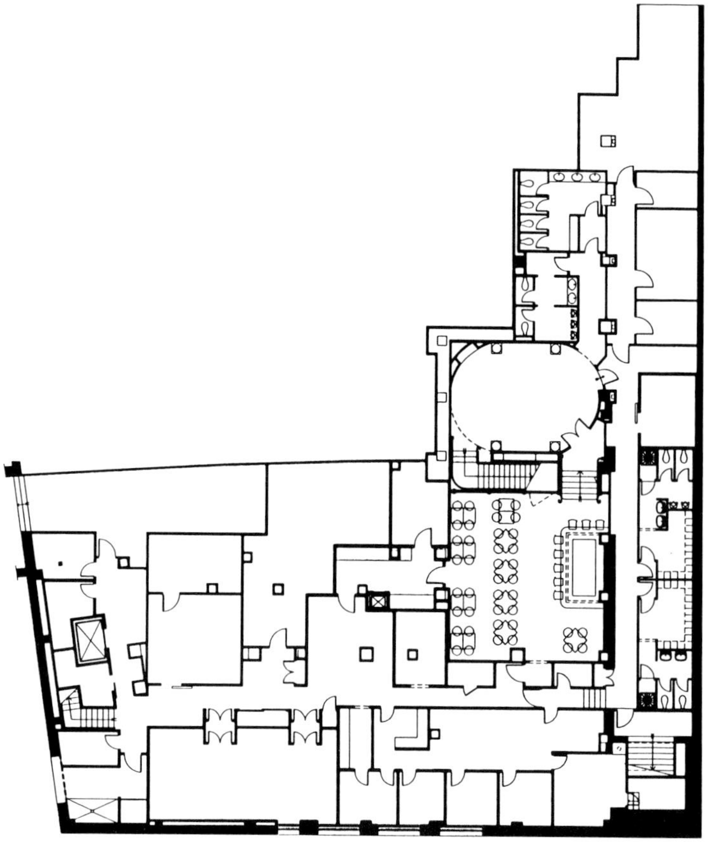

PLANTA SUBSUELO / SUBSOIL PLAN

AVALON

JANIS JOPLIN!

THE WHO
AVALON

Hard Rock
CAFE

ENTR
EN LA LEYENDA

Hard Rock

RESTAURANTE RIB'S

ARQUITECTOS / ARCHITECTS:
JAVIER GARCIA GARCIA, LUIS S. ARANA SASTRE, HECTOR RUIZ VELAZQUEZ
COLABORADORES / COLLABORATORS:
JOSE L. RODRIGUEZ, ALICIA MONEVA, LUIS TORTOSA
APAREJADOR / MASTER BUILDER:
JAVIER SUAREZ DE FIGUEROA
FOTOGRAFIAS / PHOTOGRAPHIES:
PEDRO MARTINEZ MAHAMUD
UBICACION / LOCATION:
MADRID, ESPAÑA
AREA DEL PROYECTO / BUILDING AREA:
750 m² / 8,000 S.F.
AÑO DEL PROYECTO / PROJECT DESIGN:
1993
AÑO DE CONSTRUCCION / PROJECT CONSTRUCTION:
1993

❑ El encargo de este proyecto parte de un restaurante existente, de reconocido éxito y ubicado en las afueras de Madrid. La situación y características del nuevo local, próximo al estadio de Santiago Bernabéu, aconsejaban un cambio radical de imagen respecto del anterior, destinado a la celebración de bodas y banquetes.

El primer criterio básico asumido en el proceso de proyecto fue dotar al local de personalidad propia, rehuyendo los prejuicios del común de los restaurantes y de bastantes usuarios, planteándose así la novedad de comer con los dedos en un lugar de cuidada arquitectura y diseño.

En segundo término la intervención se plantea los problemas de falta de intimidad, la sensación de soledad o excesiva escala que producen las grandes dimensiones de los locales. A partir de estas consideraciones se define la necesaria formalización de una serie de pequeños ámbitos de dimensión más abarcable, siempre relacionados con el resto de los ambientes y dominados por la gran parrilla, situada en el sector más profundo del local, escena de referencia con los cocineros como sus actores principales.

Las sensaciones se logran por el material, las texturas y la luz que distribuida en los sitios precisos, produce una impresión de espacio de carácter abierto y tranquilo, necesario para disfrutar de una buena comida.

The assignment for this project originates from an existing restaurant, of well known success, located in the outskirts of Madrid. The location and characteristics of the new outlet, in the proximity of the Santiago Bernabéu Stadium, suggested a radical change of image with regards the previous one, destined for the celebration of weddings and banquets.

The first basic criteria adopted in the design process was to provide the outlet with its own individual personality, rejecting the prejudices of the majority of restaurants and most users, and proposing the novelty of eating with one's fingers within a space of careful architecture and design.

In second place, the intervention faced the problems of lack of intimacy, feelings of loneliness or excessive scale produced by the large dimensions of the outlets. These considerations made it necessary to form a series of small spaces of a more comprehensible size, always related to the remaining areas and dominated by the great barbecue, located in the deepest corner of the building, a referential scene in which the cooks are the main performers.

The sensations are created with materials, textures and lighting which, distributed to precise locations, gives the impression of an open and tranquil space, necessary for the enjoyment of a good meal.

RIB'S

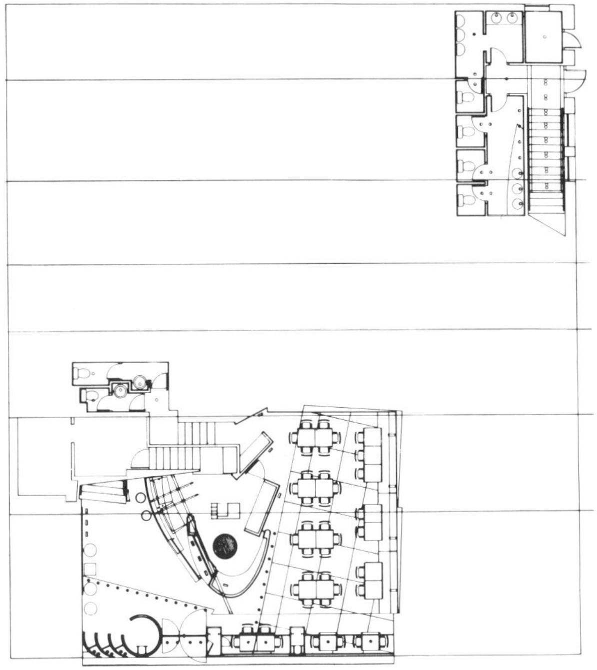

PLANTA BAJA / FIRST FLOOR PLAN

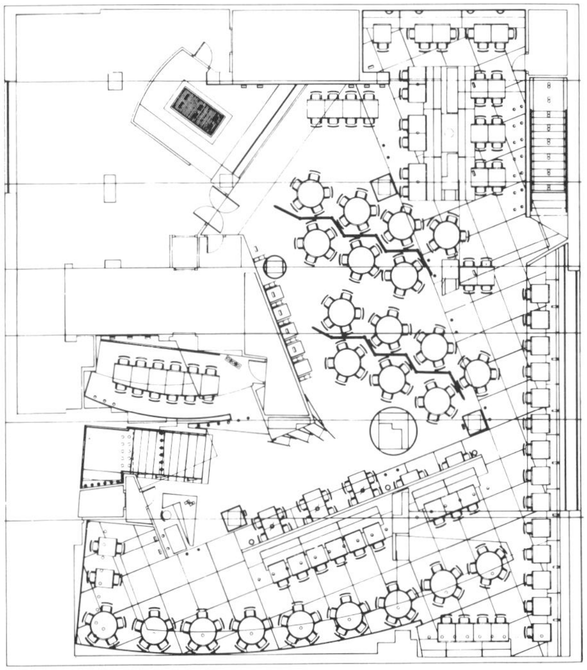

PLANTA SUBSUELO / SUBSOiL PLAN

CAPITAL CAFE

ARQUITECTOS / ARCHITECTS:
JAVIER GARCIA GARCIA, HECTOR RUIZ VELAZQUEZ
COLABORADORES / COLLABORATORS:
JOSE L. RODRIGUEZ, ALICIA MONEVA, LUIS TORTOSA
FOTOGRAFIAS / PHOTOGRAPHIES:
PEDRO MARTINEZ MAHAMUD
UBICACION / LOCATION:
MADRID, ESPAÑA
AREA DEL PROYECTO / BUILDING AREA:
160 m² / 1,700 S.F.
AÑO DEL PROYECTO / PROJECT DESIGN:
1993
AÑO DE CONSTRUCCION / PROJECT CONSTRUCTION:
1993

La creación de un espacio atrayente para un local destinado al uso gastronómico, de poco más de 3 m de ancho y 23 m de fondo, implica la puesta en juego de toda una serie de recursos visuales que en otras circunstancias quizás no tendrían la misma trascendencia. Es decir, que el proyecto valora y potencia la característica principal del espacio: su profundidad.

Estos son espacios lineales, de recorrido único y dirigido, donde la perspectiva de acceso cobra una importancia esencial en el diseño. Se establece así un ritmo desigual de elementos que cierran recorridos y perspectivas, valorando los escasos vacios mediante muros inclinados de madera que ocultan íconos salientes, y cobran valor en su propia multiplicidad.

Así mismo, la fachada se desnuda de toda carpintería que pueda restar visión al interior, retrasando el paño de vidrio que conforma la entrada.

Del interior surge una delgada bandeja que proporciona un ámbito más recogido a la barra, dando más fuerza a ésta en su geométrica vocación de abandono de paralelismos incómodos con las paredes laterales del local.

The creation of an attractive space destined for food consumption, within a shop unit of little more than 10 feet width and 75 feet length, implies bringing into play a whole series of visual resources which under other circumstances would probably not be of such significance. That is to say, that the project highlights and brings out the potential of the main characteristic of the space, its depth.

These are linear spaces, with only one directed route through, where the entrance perspective is of essential importance to the design. An uneven rhythm is established with elements which cut off routes and perspectives, enhancing the scarce voids by means of tilted wood walls which hide projecting icons, and gain relevance by their own multiplicity.

Also, the facade is stripped of all elements which may restrict visibility towards the interior, setting back the glazing which forms the entrance.

A thin tray projects forward from inside providing a more sheltered area for the bar, strengthening it in its geometric vocation of abandonment of uncomfortable parallelism with the side walls of the unit.

PLANTA / FLOOR PLAN

BEEF PLACE

ARQUITECTOS / ARCHITECTS:
MARIO AGOSTINELLI ALLES, GUILLERMO VEGAS LLOBEL
UBICACION / LOCATION:
MADRID, ESPAÑA
AREA DEL PROYECTO / BUILDING AREA:
320 m² / 3,400 S.F.
AÑO DEL PROYECTO / PROJECT DESIGN:
1989
AÑO DE CONSTRUCCION / PROJECT CONSTRUCTION:
1989

❑ **B**asándose en un profundo análisis del progresivo aumento del consumo de carne vacuna en España, esta empresa empujada por modelos similares en Europa, decide emprender una diversificación tentativa pero siempre relacionada con el sector cárnico. Es decir, la creación de una cadena de restaurantes especializados en carnes rojas.

Su experiencia en el producto como su estrecha relación con la industria frigorífica argentina, condujo a la realización del primer establecimiento "test".

Para marcar las diferencias y destacar la originalidad, se impuso una elección del diseño arquitectónico cuidadoso en su estilo y novedoso en la propuesta.

Se optó por un local diáfano, de amplias dimensiones, techos altos, lo que permitió desarrollar un proyecto estudiado desde lo general, hasta el último detalle.

Por fin, de cara a las perspectivas del proyecto, una arquitectura "cuidada" y a la vez repetible.

Based on a profound analysis of the progressive increase in the consumption of beef in Spain, this firm, encouraged by similar models in Europe, decides to undertake a tentative diversification, but always related to the meats sector. ❑

Their experience with the product, added to their close relationship with the frozen meats industry in Argentina, led to the development of the first "test" establishment.

To underline the differences and emphasize the originality, it was necessary to choose an architectural design of careful style and novel proposals.

A diaphanous unit was selected, of large dimensions and tall ceilings, which allowed the development of a carefully studied design throughout, from the general concept down to the last detail.

Finally, in view of the project's perspectives, a "careful" architecture which nevertheless allows repetition.

BEEF PLACE

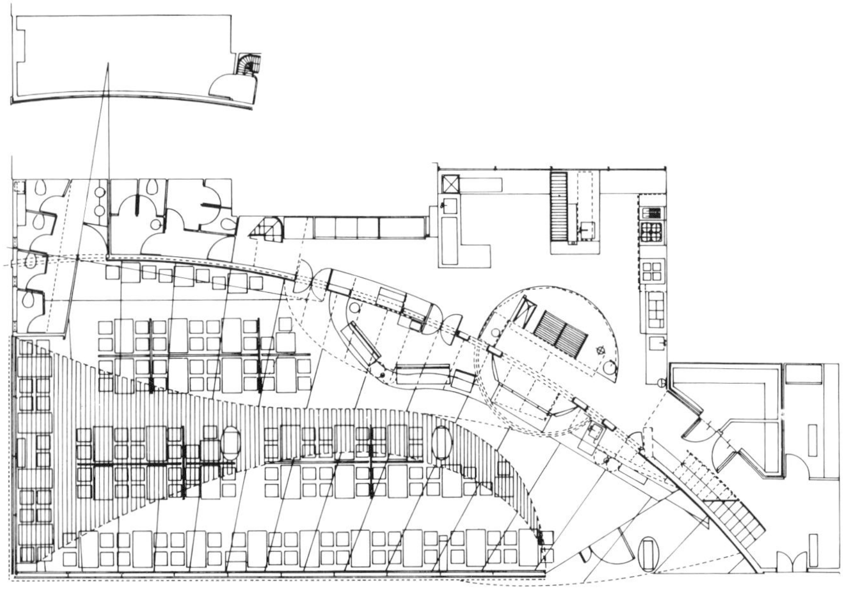

PLANTA / FLOOR PLAN

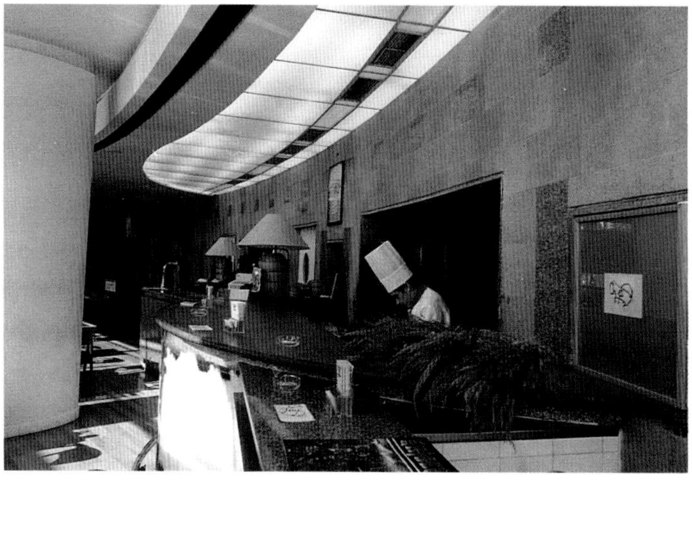

37

MUSEO RENAULT

ARQUITECTOS / ARCHITECTS:
DIEGO FELIX SAN MARTIN, MARTIN LONNE
RAUL RICA, ARQUITECTO ASOCIADO / ASSOCIATE ARCHITECT
COLABORADORES / COLLABORATORS:
MARIA C. BELSITO, MARIA C. MAZZA, MARIA V. RICA, ARQUITECTAS / ARCHITECTS
FOTOGRAFIAS / PHOTOGRAPHIES:
DANIELA MAC ADDEN, ARQUITECTA / ARCHITECT
UBICACION / LOCATION:
PALACIO ALCORTA, BUENOS AIRES, ARGENTINA
AREA DEL PROYECTO / BUILDING AREA:
1.460 m² / 15,600 S.F.
AÑO DE CONSTRUCCION / PROJECT CONSTRUCTION:
1995

El espacio propuesto para el Museo Tecnológico Renault –de arte, ciencia y tecnología– es absolutamente nuevo y sin precedentes en nuestro país. Se trata de un espacio multifunción donde conviven todas estas materias enunciadas.

La obra arquitectónica se desarrolla en un local de 14 m de fondo por 100 m de frente sobre la Av. Figueroa Alcorta, con una altura de 4,5 m. El cubo espacial así conformado se encuentra aislado acústicamente del resto del edificio y cuenta con un sistema de tratamiento ionizante.

El espacio se conforma con dos áreas y de esta manera puede diferenciarse los usos de tres salones, uno de los cuales –el Salón San Martín– es utilizado para las actividades sociales y donde se encuentra el apoyo gastronómico y los salones VIP. Las plataformas giratorias, enfatizadas con iluminación escenográfica por *emulators*, inyectores de humo y rayo láser sobre pantallas aéreas, cortinados móviles hacen que toda la obra posea una sinergia espacial que en esencia fortalece la comunicación entre los comensales que van a sostener una relación muy poco formal.

El equipamiento de la zona gastronómica tiene la esencia de todo el proyecto y sirve de referencia como punto de encuentro, para quienes tienen una manera distinta de elaborar un encuentro para comer o tomar una copa.

The space proposed for the Renault Technological Museum –of art, science and technology– is absolutely new and without precedent in our country. It is a multifunctional space within which all these subjects come together.

The architectural project is developed within a unit 46 feet deep, 15 feet high, and with 328 feet of frontage along Av. Figueroa Alcorta. The resulting spatial prism is acoustically isolated from the rest of the building and has an ionization system installed.

The space is made up of two areas and this allows the differential use of three meeting rooms, one of which - the Salon San Martin - which has support areas for food service and VIP lounges, is used for social events. The gyrating platforms, enhanced by means of theatrical lighting with emulators, smoke machines and laser beams on suspended screens, mobile curtains, etc. give the whole project a spatial synergy which essentially encourages communication between the diners who will establish a very informal relationship.

The fit-out of the eating area reflects the essence of the whole project and acts referentially as a meeting point for those who have a different way of getting together to eat or have a drink.

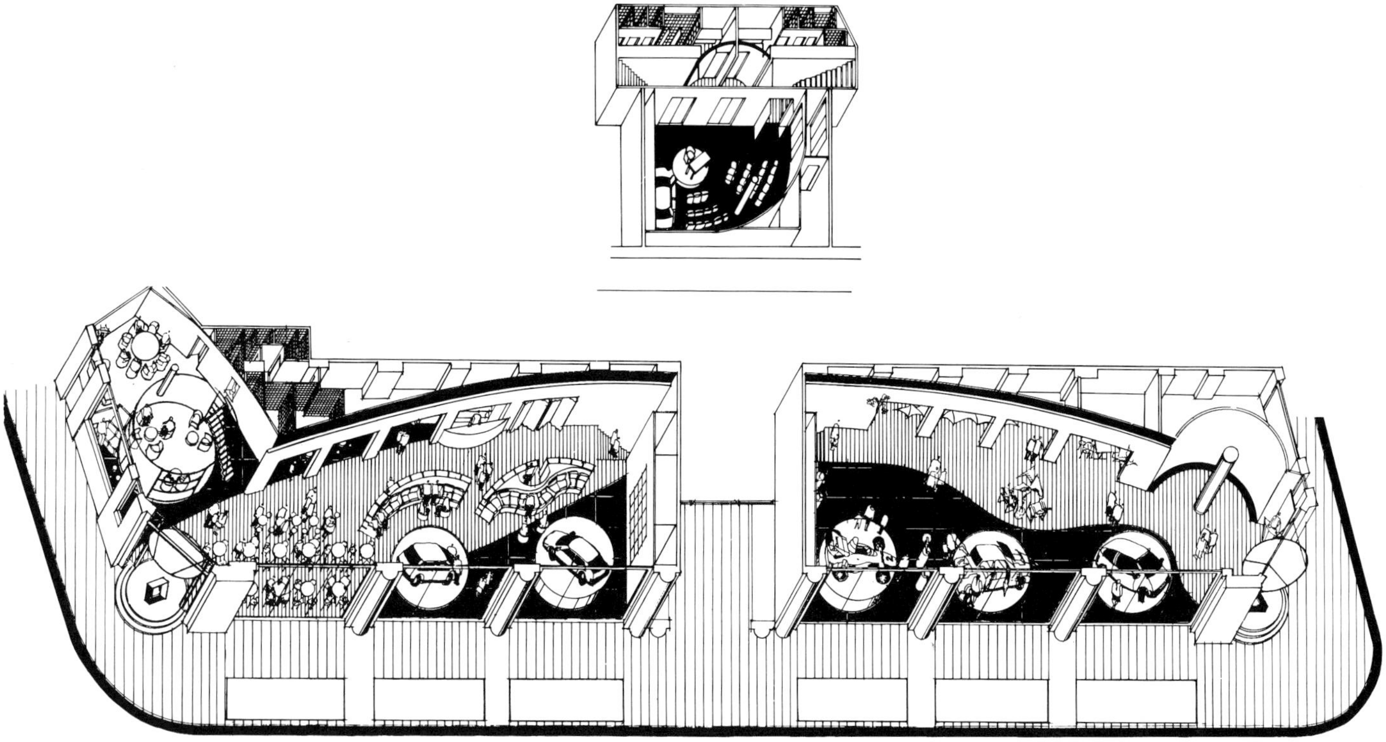

AXONOMETRICA / AXONOMETRIC

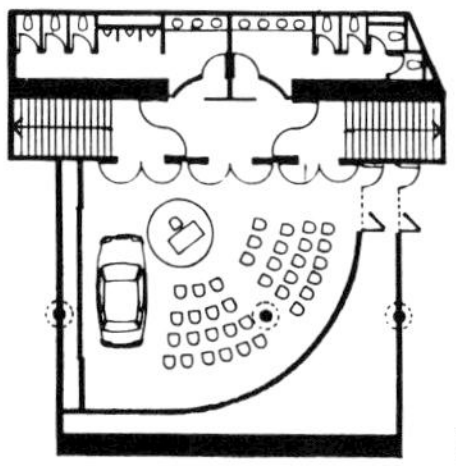

PLANTA SUBSUELO / SUBSOIL PLAN

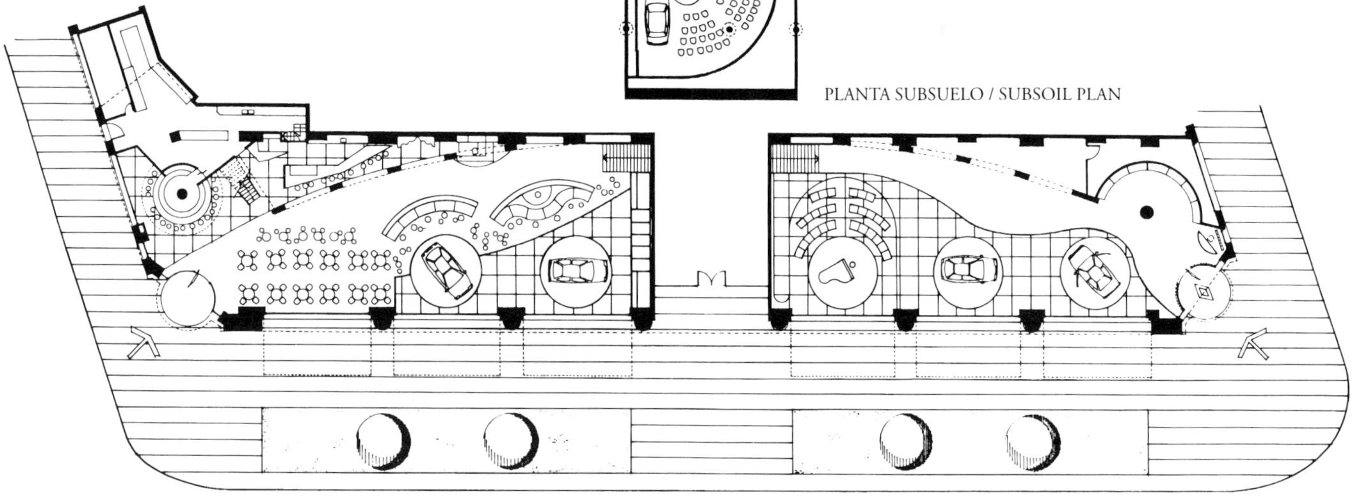

PLANTA BAJA / FIRST FLOOR PLAN

SUSHI-BAR
SECCION / SECTION

M
MUSEO

DIXIE DINER

DISEÑADORES / PROJECT DESIGNERS:
RAMON FLORENCIO DIAZ, EDUARDO DIEZ
FOTOGRAFIAS / PHOTOGRAPHIES:
LUIS ABREGU
UBICACION / LOCATION:
COSTA SALGUERO, BUENOS AIRES, ARGENTINA
AREA DEL PROYECTO / BUILDING AREA:
260 m² / 2,800 S.F.
AÑO DE CONSTRUCCION / PROJECT CONSTRUCTION:
1994

La propuesta está orientada hacia un producto de clara identificación arquitectónica con los modelos de los *diners* en los años 50 en EE.UU.

La imagen formal interior-exterior, los materiales utilizados, los colores, el equipamiento, los espacios conformados, el funcionamiento en general, recrean la estética de estos lugares en esos tiempos.

Con un esquema funcional simétrico, el proyecto tiene como eje central el acceso principal, reforzado a partir de un volumen que enfatiza la fachada. En el interior se encuentra la barra abrazada por la circulación, boxes y por el carrozado exterior. La zona de servicio se resuelve apoyada sobre la espalda de la barra, generando un sector público y otro privado claramente diferenciados. El primero fue resuelto como una construcción industrial, montada por una estructura metálica enchapada en aluminio. El aventanamiento tiene paños fijos que asemejan sus proporciones a un tren, generando una fuerte imagen exterior, y el sector de servicios de construcción tradicional, responde a las necesidades funcionales.

En el interior materiales de revestimiento olvidados como el azulejo brillante, los cromados, acero inoxidable, fórmica símil mármol, cuerina en colores fuertes se transforman, más que en olvidados, casi prohibidos en estos lugares.

This proposal is designed to create an architectural product clearly identified with the model of *diners* in the fifties in the U.S.A. The interior-exterior formal image, the materials used, the colors, the fittings, the spaces, the general operation, all recreate the aesthetics of those places in that period.

The functional layout is symmetrical, the project has the main entrance as its central axis, reinforced by a volume which enhances the facade. Inside is the bar counter with the circulation, box-seats and external skin wrapped around it. The service area is resolved leaning along the back of the bar, establishing a clear differentiation between the public and private areas. The former was resolved like an industrial building, constructed with a metal frame and aluminum cladding. The windows have fixed glazing with proportions similar to those of a train, generating a strong external image, and the service area is of traditional construction, responding to operational needs.

Inside, forgotten finishing materials such as glossy tiles, chrome, stainless steel, marbled plastic laminate, imitation leather in strong colors, are transformed, more than forgotten, almost prohibited in these places.

Dixie
OPEN

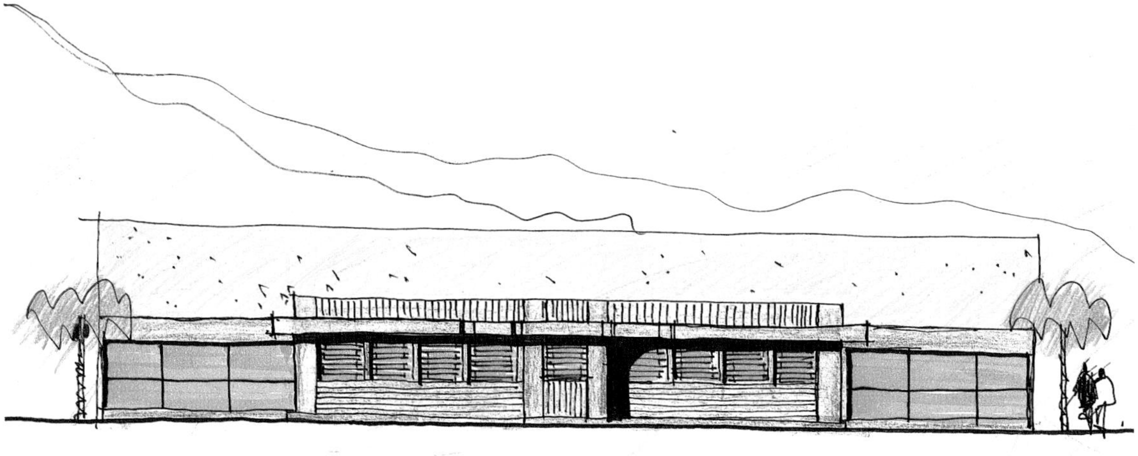

ALZADO / ELEVATION

'DIXIE' DESDE CALLE SALAVERO.

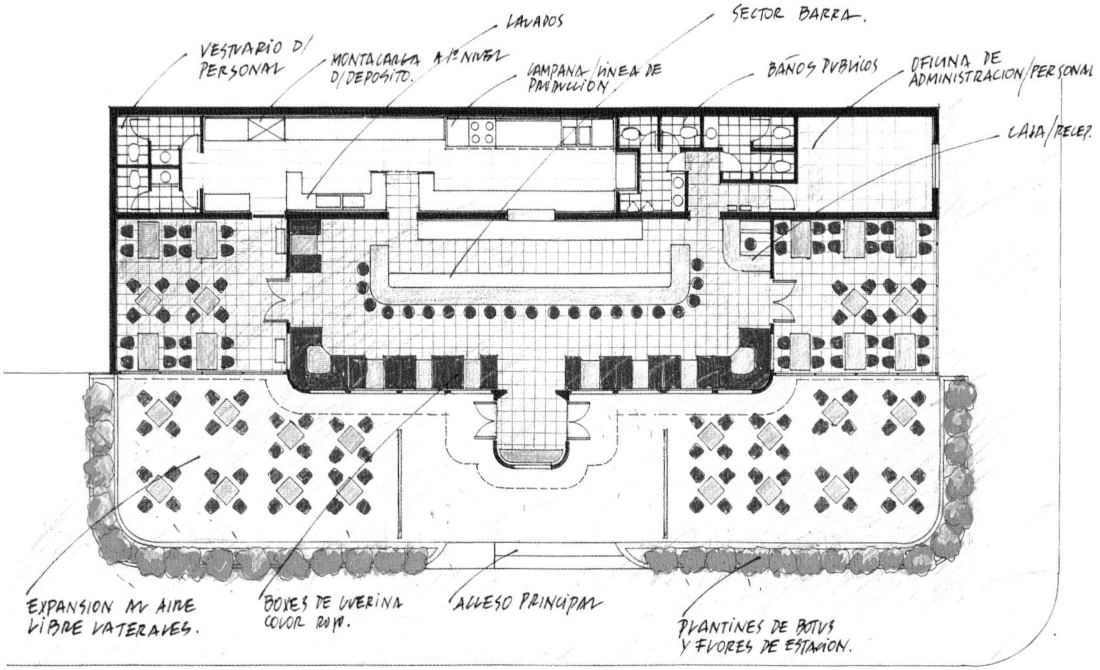
VESTUARIO D/ PERSONAL
MONTACARGA A 1er NIVEL D/DEPÓSITO.
LAVADOS
CAMPANA LÍNEA DE PRODUCCIÓN
SECTOR BARRA.
BAÑOS PÚBLICOS
OFICINA DE ADMINISTRACIÓN/PERSONAL
CAJA/RECEP.
EXPANSIÓN AL AIRE LIBRE LATERALES.
BOXES DE CUERINA COLOR ROJO.
ACCESO PRINCIPAL
PLANTINES DE BOTUS Y FLORES DE ESTACIÓN.

PLANTA / FLOOR PLAN

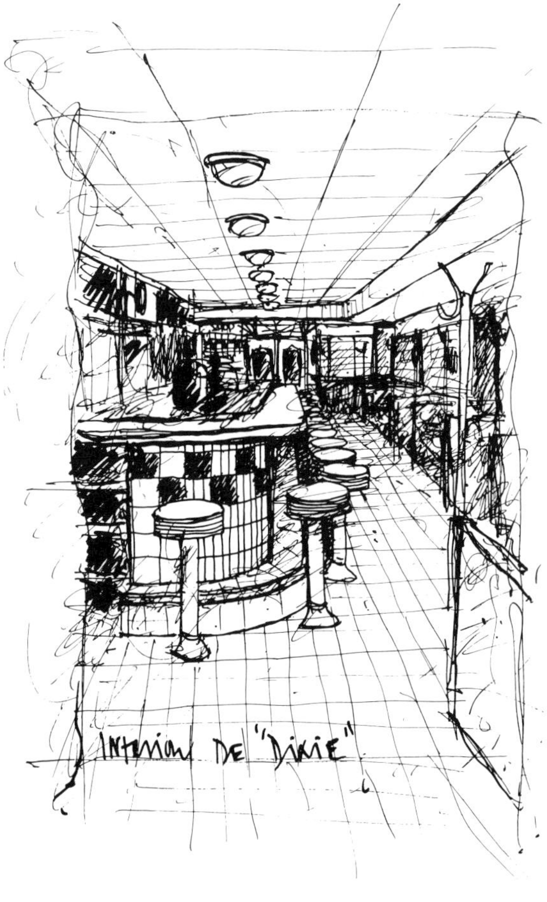
INTERIOR DE "DIXIE"

Cabrales

Cabrales

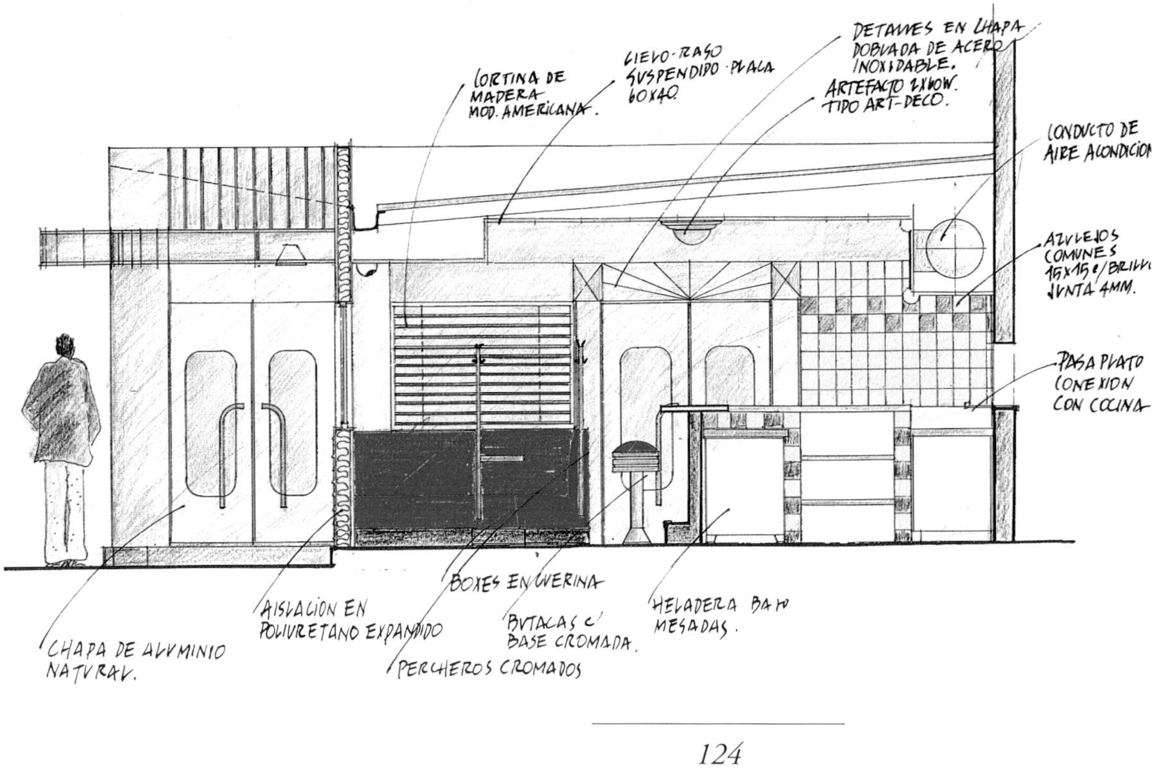
CORTINA DE MADERA MOD. AMERICANA.
CIELO-RASO SUSPENDIDO PLACA 60X40
DETALLES EN CHAPA DOBLADA DE ACERO INOXIDABLE.
ARTEFACTO 1X100W. TIPO ART-DECO.
CONDUCTO DE AIRE ACONDICION
AZULEJOS COMUNES 15X15 C/BRILLO JUNTA 4MM.
PASA PLATO CONEXION CON COCINA
CHAPA DE ALUMINIO NATURAL.
AISLACION EN POLIURETANO EXPANDIDO
BOXES EN CUERINA
PERCHEROS CROMADOS
BUTACAS C/ BASE CROMADA.
HELADERA BAJO MESADAS.

DIXIE
DINER

JOEY'S MOTORCAFFE

ARQUITECTOS / ARCHITECTS:
GABRIEL IGNACIO GIANNINE, JOSE SAMMARTINO
FOTOGRAFIAS / PHOTOGRAPHIES:
LUIS ABREGU
UBICACION / LOCATION:
BUENOS AIRES, ARGENTINA
AREA DEL PROYECTO / BUILDING AREA:
507 m² / 5,420 S.F.
AÑO DE CONSTRUCCION / PROJECT CONSTRUCTION:
1992

Es la apropiación de un taller mecánico y de todos aquellos elementos que tengan que ver con él.

Para sostener esta propuesta se utilizó al máximo la expresividad del metal, resolviendo así losas –con encofrado perdido de chapa ondulada–, tabiques virtuales de alambre artístico, columnas, lucarnas, biombos, carpinterías, cielorrasos. El espacio se organizó en una secuencia de tres instancias: la primera en contacto con la calle es cafetería, bar y recepción de uso diario; la segunda es el restaurante propiamente dicho que se distribuye a lo largo acompañado por barras articuladas y cocina a la vista bajo una gran lucarna, y la tercera es un espacio exterior al fondo, con una barra independiente con su clima particular.

Acompañando esta secuencia, en planta alta se definieron dos espacios, uno volcado al restaurante-pista, lugar de estar apartado y otro el salón VIP que da sobre la calle.

La utilización de elementos de desguase, restos de automóviles y otras piezas, y los murales realizados con aerógrafos, da a Joey's un clima de reposición y rescate de un lugar abandonado, lo que se torna en su principal atractivo.

Tubos de aire acondicionado, extracción, artefactos industriales de iluminación, barras enteramente de metal, alternan y componen el espacio en la transición restaurante-disco.

This is the appropriation of a car garage and of all those elements which are related to it.

To sustain this proposal, full use was made of the expressive qualities of metal, resolving floor slabs -cast on corrugated steel sheeting-, virtual partitions in decorative screen wire, columns, skylights, screens, doors and windows, ceilings. The space was organized as a sequence of three places: the first in contact with the street is the cafeteria, bar and reception area for daily use; the second is the restaurant itself, with a lengthwise distribution, accompanied by articulated bar counters and the exposed kitchen below a great skylight; and the third is an external area at the back, with an independent bar and its own particular character.

Accompanying this sequence, on the upper level, two spaces were defined, one facing the restaurant-dance floor, private sitting area, and the other a VIP lounge which faces the street.

The use of discarded elements, car remnants and other pieces, together with the airbrush murals, gives Joey's the atmosphere of refurbishment and rescue of an abandoned place, which becomes its main attraction.

Air conditioning and extraction ducts, industrial light fittings, bar counters built totally in metal, alternate and compose the space in the restaurant-disco transition.

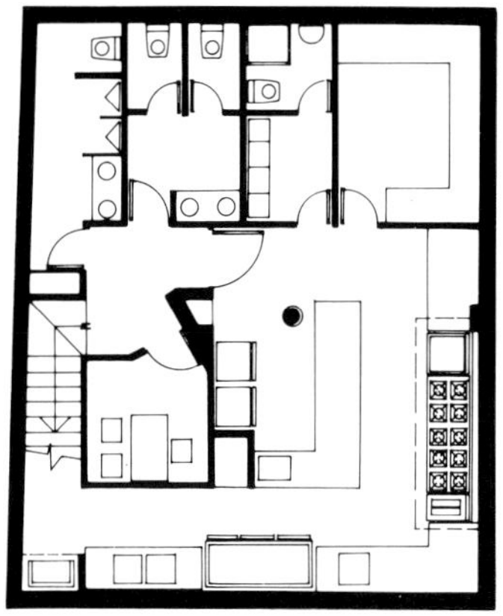

PLANTA SOTANO / BASEMENT PLAN

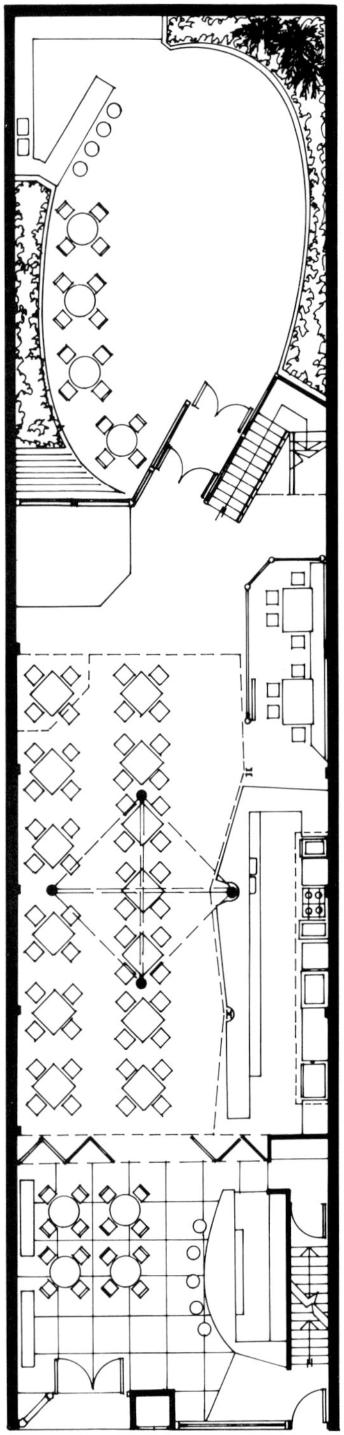

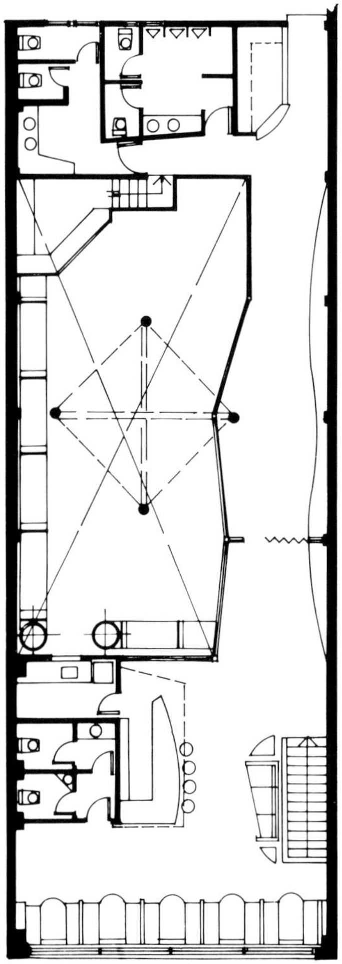

PLANTA BAJA / FIRST FLOOR PLAN

PLANTA ALTA / SECOND FLOOR PLAN

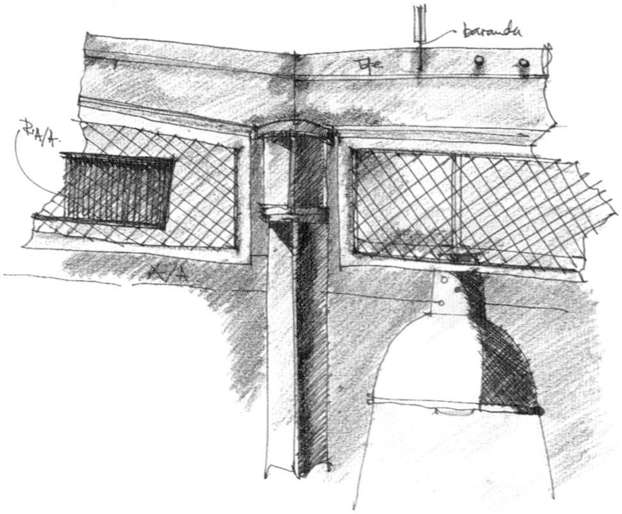

Mobil
Mobil

Mobil
Mobil

Ford
VENTA Y SERVICIO
REINA
VICTORIA

5
864-406

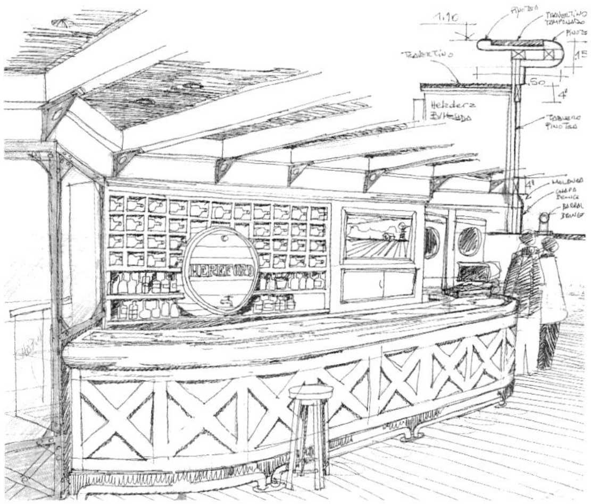

RESTAURANT HEREFORD

ARQUITECTOS / ARCHITECTS:
FEDERICA BASSO, ALFREDO FONTEROSA
FOTOGRAFIAS / PHOTOGRAPHIES:
LUIS ABREGU
UBICACION / LOCATION:
PUERTO MADERO, BUENOS AIRES, ARGENTINA
AREA DEL PROYECTO / BUILDING AREA:
700 m² / 7,500 S.F.
AÑO DE CONSTRUCCION / PROJECT CONSTRUCTION:
1996

Hereford es un restaurante de comida típica argentina: el asado, pero hecho como en el campo, en un ruedo. Por lo tanto el ruedo es uno de los elementos destacados en este proyecto.

La ubicación en Puerto Madero motivó a los arquitectos a crear una fachada de hierro macizo similar a las estructuras que se pueden encontrar en un viejo puerto, como también la elección de la pinotea como madera para el cielorraso, barra y escalera.

Otra premisa importante fue la de ganar todas las vistas al espejo de agua del dock y al paseo peatonal. Mediante el uso de vidrios y cielorraso termoacústico se logró un ambiente tranquilo a pesar de los doscientos cubiertos que se atienden.

Dado el esquema estructural y de servicios del edificio y la particular disposición del subsuelo y entrepiso, se zonificó en planta baja el salón en tres áreas, más una de recepción y la cocina.

Los vestuarios y sanitarios del personal, depósito y cámara de frío se ubicaron en el subsuelo, mientras que los sanitarios para el público están en el entrepiso; en la planta baja se priorizó el baño para discapacitados.

Hereford is a restaurant which serves typical Argentinean food: the "*asado*", but cooked as done in the camp, on the round. Therefore *the round* is one of the elements highlighted in this project.

The location in Puerto Madero moved the architects to create a solid iron facade similar to the structures which can be found in the old port, as well as the choice of *pinotea* as the wood for the ceiling, bar and staircase.

Another important premise was to obtain all the views onto the water surface of the dock and the pedestrian walkway. By using glass and thermo-acoustic ceilings a tranquil atmosphere was created in spite of the two hundred seats which are served.

Because of the structural and services layout of the building and the particular organization of the basement and mezzanine, the first floor dining hall was organized into three areas, plus a reception area and the kitchen.

The changing rooms and restrooms of the personnel, storage and freezer chambers were located in the basement, while the restrooms for the public are on the mezzanine; on the first floor the handicapped toilet was given priority.

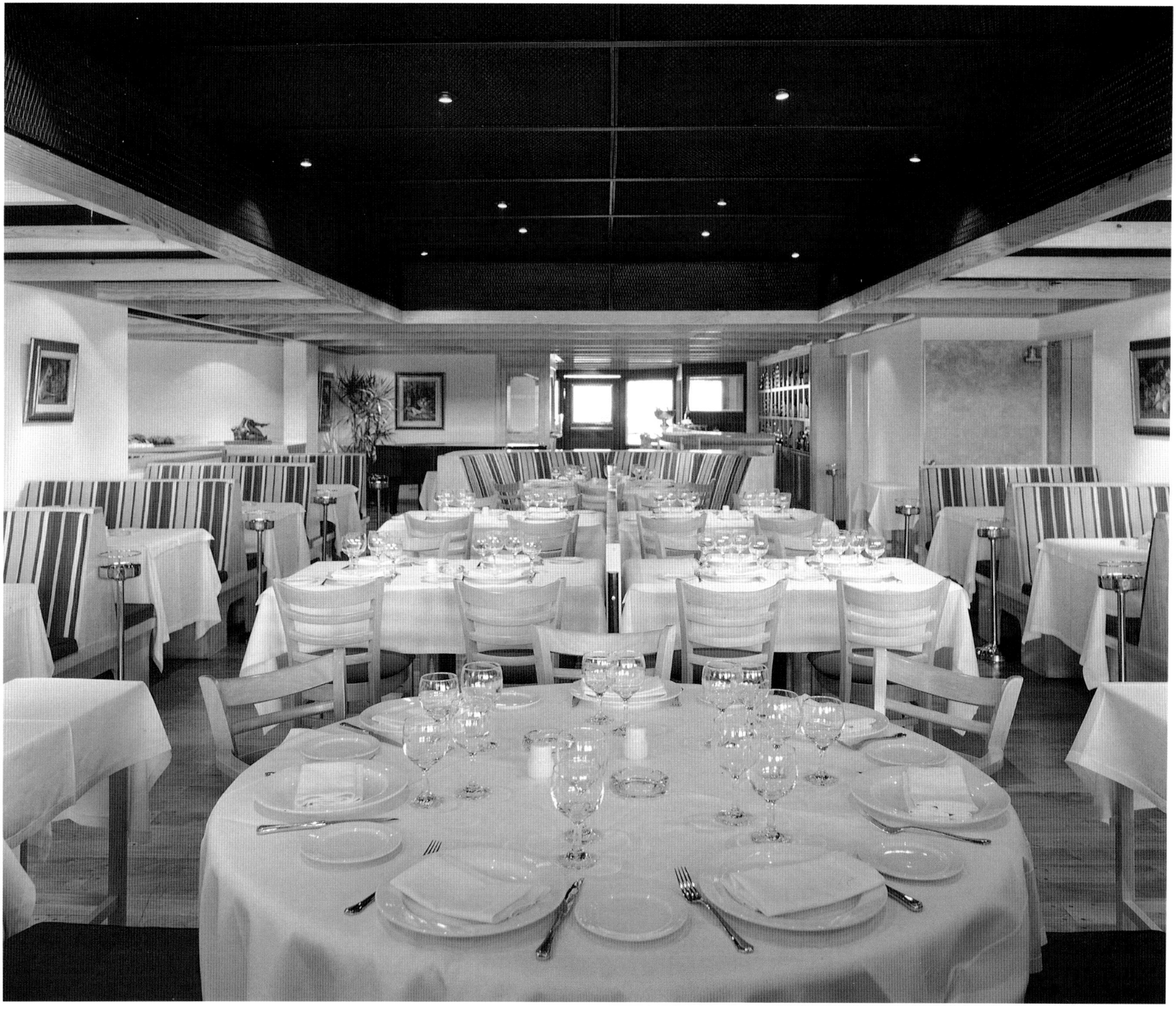

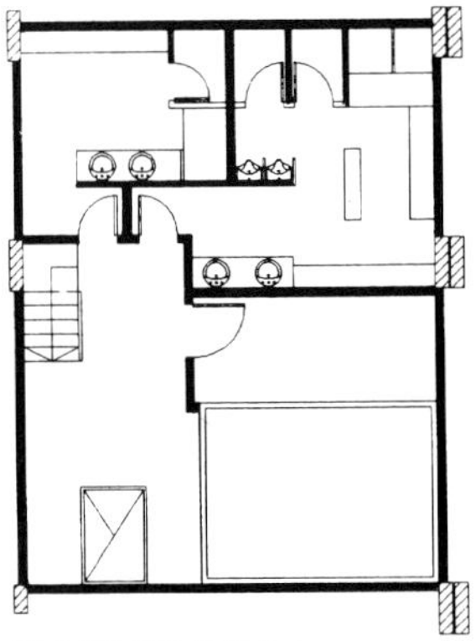

PLANTA SUBSUELO / SUBSOIL PLAN

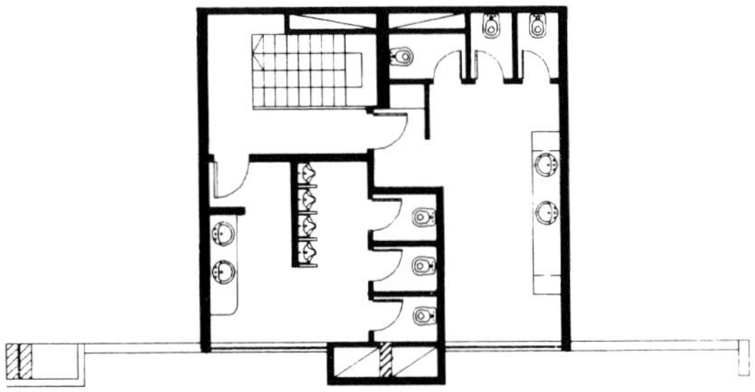

PLANTA ENTREPISO / MEZZANINE LEVEL

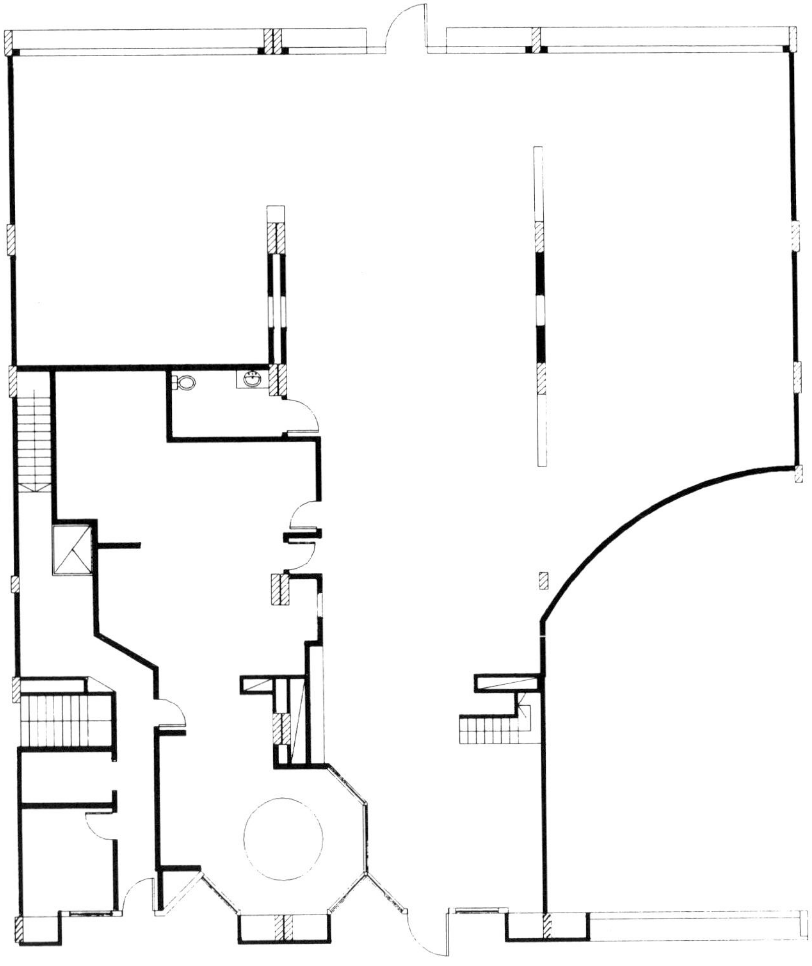

PLANTA BAIA / FIRST FLOOR PLAN

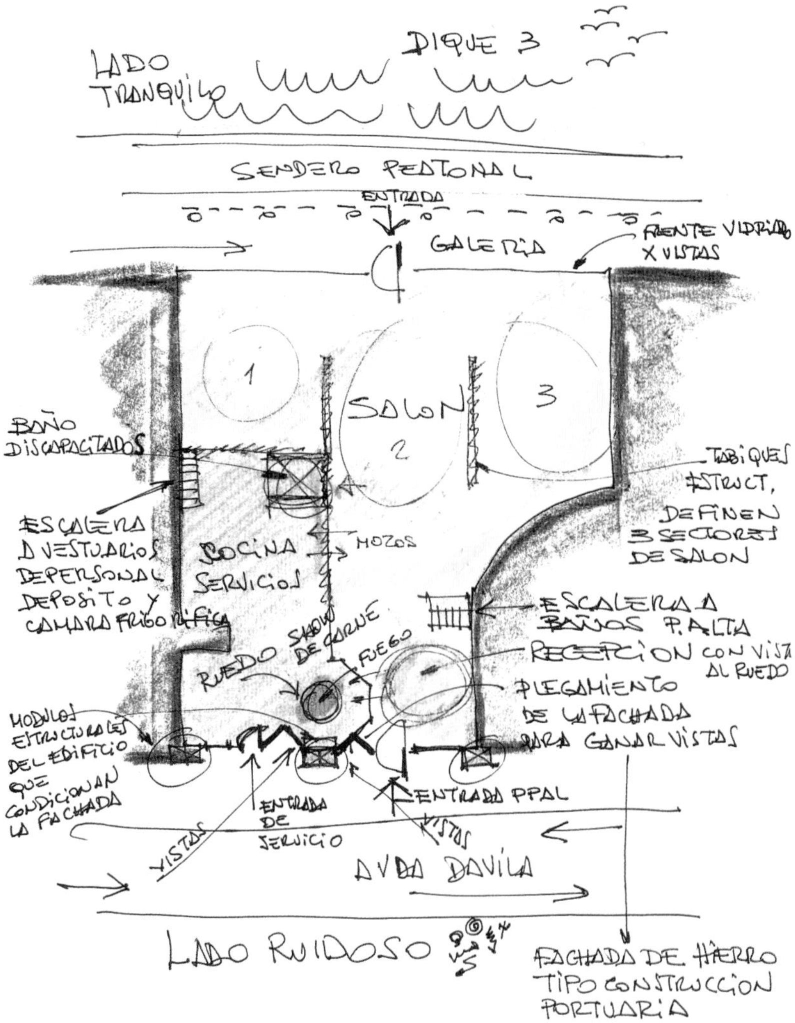

HEREFORD
RESTAURANTS

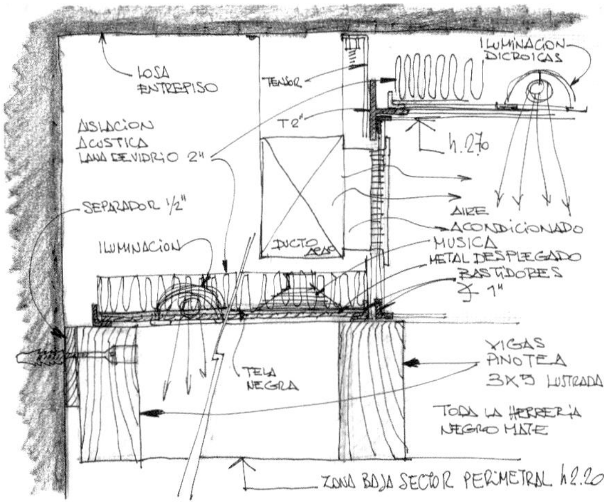

DETALLES CONSTRUCTIVOS / CONSTRUCTIVE DETAILS

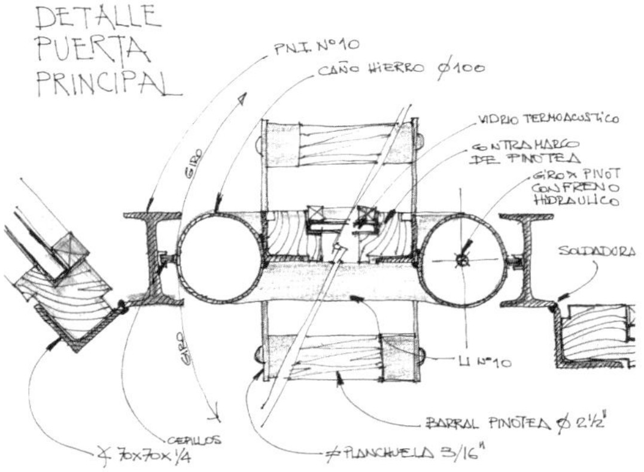

DETALLES CONSTRUCTIVOS / CONSTRUCTIVE DETAILS

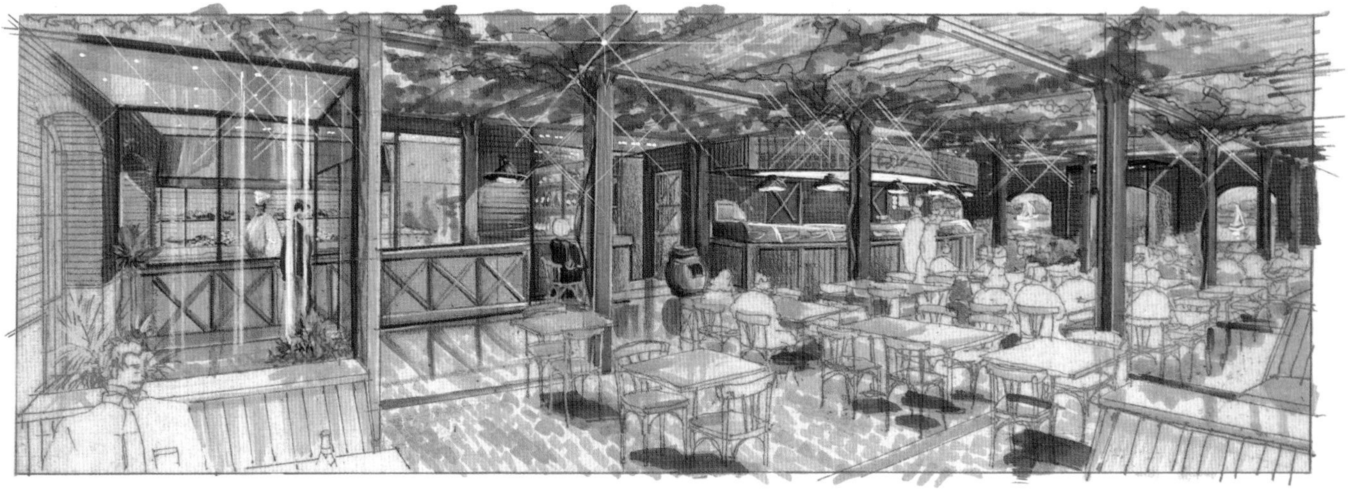

LA CABALLERIZA

ARQUITECTOS / ARCHITECTS:
BODAS - MIANI - ANGER
ARQUITECTOS ASOCIADOS / ASSOCIATED ARCHITECTS:
ALVARIÑAS - BOSCOLO - FLEITAS - RODRIGUEZ
DISEÑO GRAFICO / GRAPHIC DESIGN:
SCHERMAN VERALDI
FOTOGRAFIAS / PHOTOGRAPHIES:
LUIS ABREGU
UBICACION / LOCATION:
PUERTO MADERO, BUENOS AIRES, ARGENTINA
AREA DEL PROYECTO / BUILDING AREA:
660 m² / 7,055 S.F.
AÑO DE CONSTRUCCION / PROJECT CONSTRUCTION:
1995

Definir el diseño de una parrilla ya tradicional en Buenos Aires, como es *La Caballeriza,* implicó adaptarse creativamente a un entorno de fuerte morfología.

El primer restaurante de esta cadena (en la localidad de Martínez) surgió a partir de la refuncionalización de los boxes de un *stud,* perteneciente al Hipódromo de San Isidro, conservando cada uno de estos espacios y el espíritu del patio central, con una parra que da calidez al nuevo ambiente; donde el ladrillo, la madera y columnas de fundición son los materiales que prevalecen.

El desafío en Puerto Madero fue lograr esa misma ambientación en los docks reciclados que componen un nuevo espacio urbano, integrado paulatinamente a la ciudad.

Por las características de la zona y las necesidades planteadas, se diseñó un amplio salón con solado de ladrillo. La superficie fue sectorizada por antiguos portones originales de caballerizas demolidas, generando espacios alternativos con distintos niveles de privacidad. A su vez la barra de forma curva se ubica sobre uno de los muros laterales, dando calidez y colorido al sector de recepción; construida con materiales seleccionados de demolición.

Es interesante destacar que una de las premisas en esta propuesta fue revalorizar una búsqueda de materiales originales y no una reinterpretación a través de una nueva construcción.

The development of a design for a "parrilla" which was already traditional in Buenos Aires, as was the case of *La Caballeriza,* implied adapting creatively to an environment of strong morphology.

The first restaurant of this chain (in the district of Martínez) came about as the refurbishment of the boxes of a stud belonging to the San Isidro Racecourse, conserving each one of the stables and the spirit of the central courtyard, with a grapevine which adds warmth to the new space; where brickwork, wood and cast iron columns are the prevailing materials.

The challenge in Puerto Madero was to obtain the same atmosphere within the recycled warehouses which conform a new urban space, gradually integrated into the city.

Due to the characteristics of the area and the established requirements, a large room with a brick floor was designed. The area was subdivided using old original doors from demolished stables, generating alternative spaces with different levels of privacy. The curved bar is located on one of the side walls, giving warmth and color to the reception area; built with selected demolition materials.

It is interesting to point out that one of the premises in this proposal was to stress the search for original materials and not to establish a reinterpretation by means of a new construction.

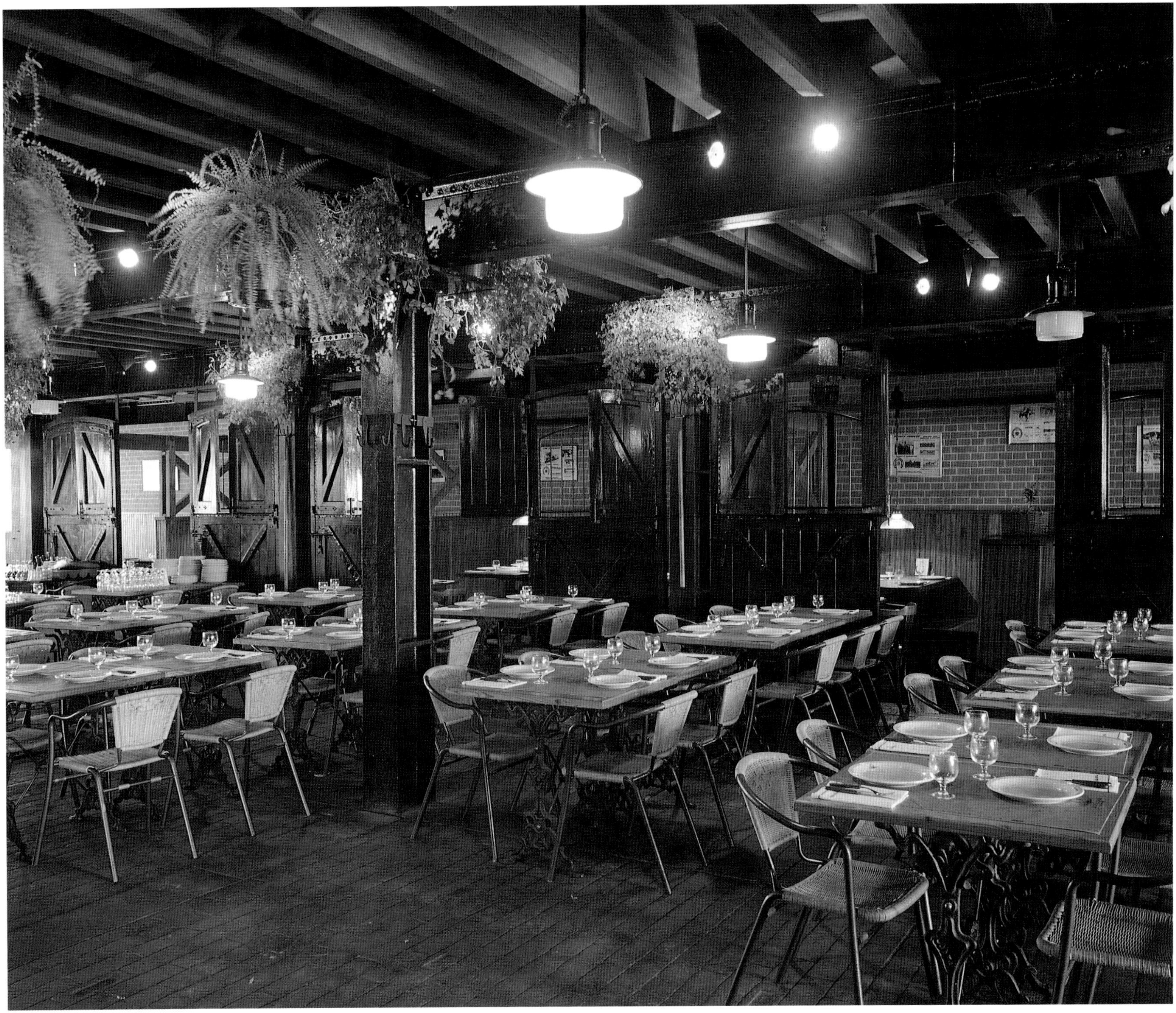

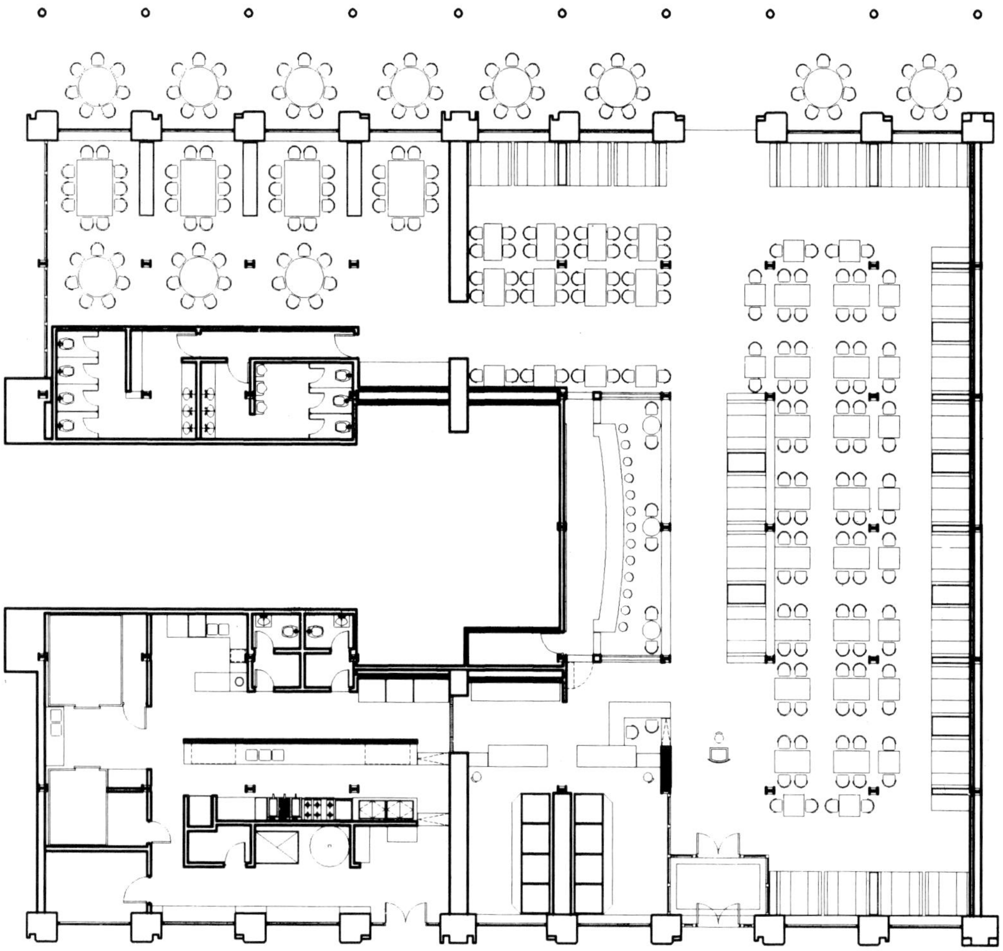

PLANTA / FLOOR PLAN

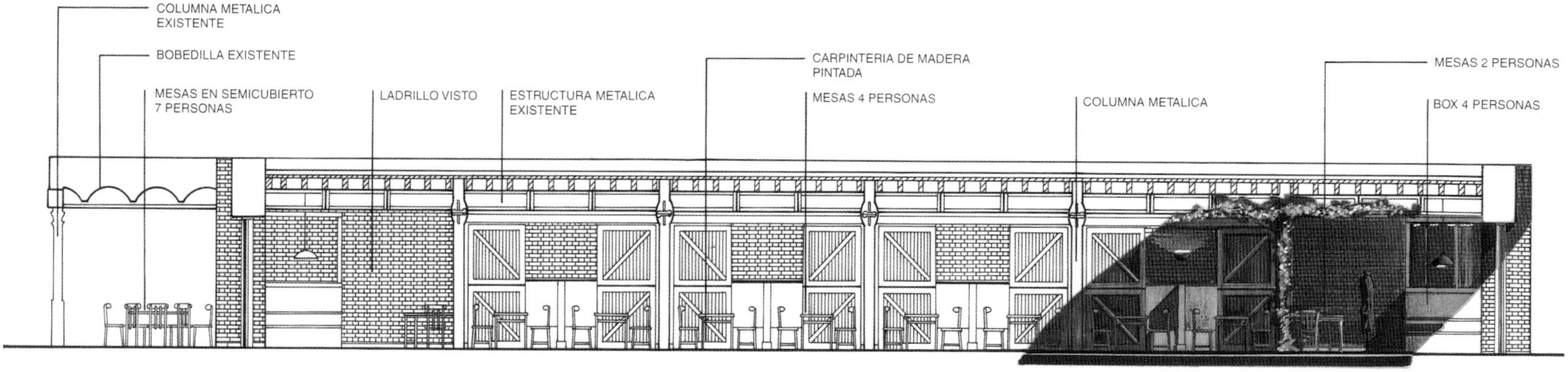

SECCION / SECTION

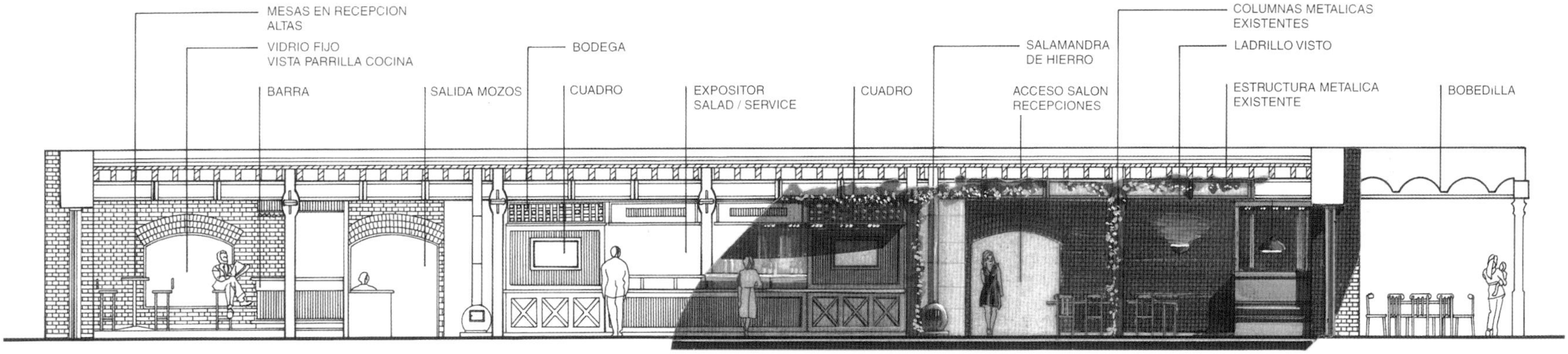
MESAS EN RECEPCION
ALTAS
VIDRIO FIJO
VISTA PARRILLA COCINA
BARRA
SALIDA MOZOS
BODEGA
CUADRO
EXPOSITOR
SALAD / SERVICE
CUADRO
SALAMANDRA
DE HIERRO
ACCESO SALON
RECEPCIONES
COLUMNAS METALICAS
EXISTENTES
LADRILLO VISTO
ESTRUCTURA METALICA
EXISTENTE
BOBEDILLA

SECCION / SECTION

CONTADO
NATIONAL
JIM BEAM

JUGOSO
rare

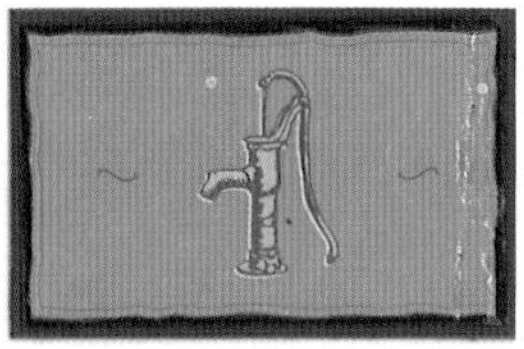

A PUNTO
medium rare

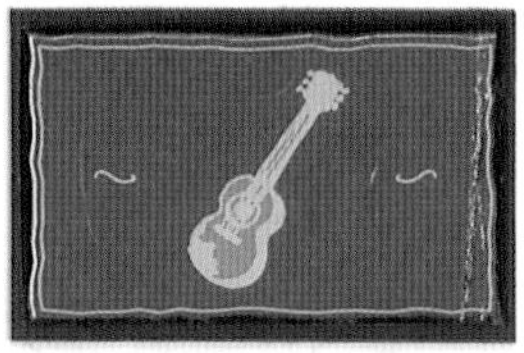

COCIDO
well done

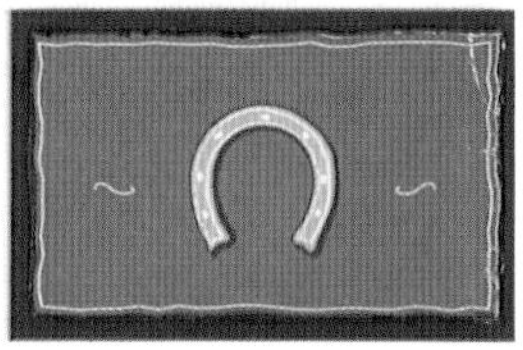

LC
LA CABALLERIZA ®
parrilla a leña

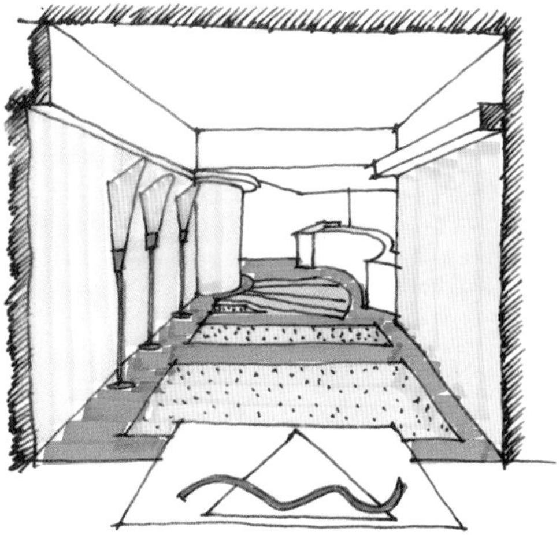

RESTAURANT PUERTO SORRENTO

ARQUITECTOS / ARCHITECTS:
PABLO CARDIN, MARIANA CARDIN, HERNAN DIAZ
COLABORADORES / COLLABORATORS:
MARCELA ANTONUCCI, GOVORETZKY, ENZO PATURZO, MALENA SOMONTE, ARQUITECTOS / ARCHITECTS
FOTOGRAFIAS / PHOTOGRAPHIES:
CLAUDIO MESZEL, ARQUITECTO / ARCHITECT
DISEÑO GRAFICO / GRAPHIC DESIGN:
SERGIO ARRIAZU
UBICACION / LOCATION:
PUERTO MADERO, BUENOS AIRES, ARGENTINA
AREA DEL PROYECTO / BUILDING AREA:
869 m² / 9,290 S.F.
AÑO DE CONSTRUCCION / PROJECT CONSTRUCTION:
1995

Puerto Sorrento es un restaurante que da la espalda a la calle y mira con contundencia al río. Tiene el privilegio de ser el único en todo Puerto Madero con planta alta y desde allí una vista soñada: los diques, las silenciosas grúas, el cielo, el río plácido...

Ubicado dentro de una caja espacial ya definida de antemano, sólo quedaba tratar el espacio interior. Está orientado a un público curioso, capaz de descubrirlo.

El acceso al restaurante se logra mediante un corredor muy angosto, opaco y de poca altura, donde una barra-bar curva va guiando al visitante hacia un gran salón apaisado, transparente y luminoso, que ofrece la gran vista del dique.

Las lámparas de pie, de papiro y acero, requieren una mención aparte. Fueron especialmente diseñadas para el lugar y se usaron como mojones que van indicando el recorrido.

Otro elemento importante es la línea curva del logotipo que a modo de "ola luminosa" se usó en los vidrios que dividen los reservados tanto en la planta baja como en la planta alta.

Se utilizaron los colores de la puesta del sol en el puerto: azul lavanda y un cálido amarillo oro, presentes en paredes y solados, ambos acústicamente tratados.

Puerto Sorrento is a restaurant which gives its back to the street and looks firmly towards the river. It has the privilege of being the only one in all Puerto Madero which has an upper floor and from it a wonderful view: the docks, the silent cranes, the sky, the calm river...

Located inside a previously defined spatial box, all that remained to be done was to treat the interior. It is aimed at a curious public, capable of discovering it.

The entrance to the restaurant is through a very narrow corridor, opaque and with a low ceiling, where a curved bar-counter leads the visitor towards a large rectangular room, transparent and luminous, which offers a great view of the dock.

The standing lamps, in papyrus and steel, require a separate paragraph. They were specially designed for the place and are used as landmarks which go marking the way.

Another important element is the curved line of the logo which has been used like a "luminous wave" on the glazing which separates the private boxes on both the lower and upper levels.

The colors used are those of the sunset in the port: lavender blue and a warm golden yellow, present on walls and floors, both acoustically treated.

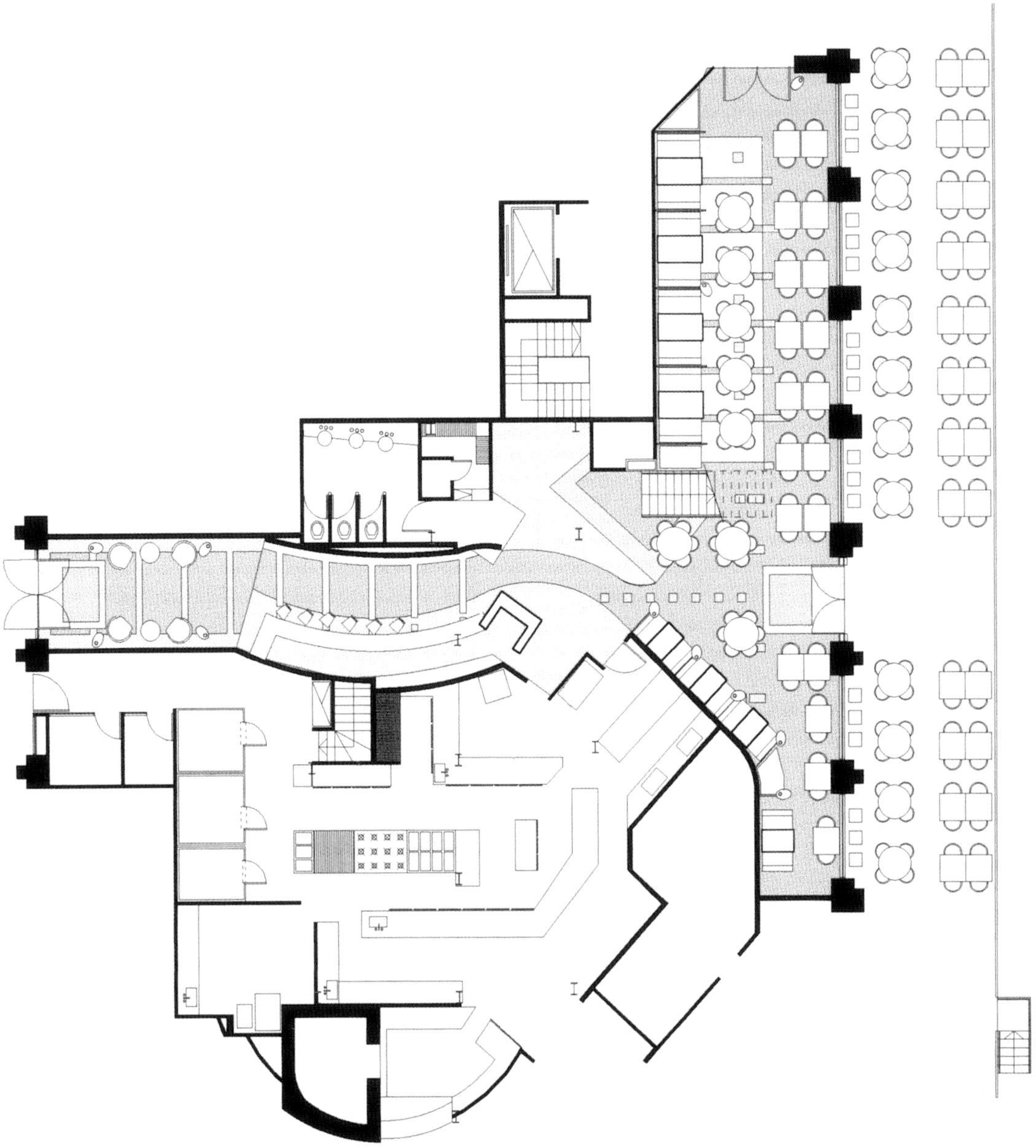

PLANTA BAJA / FLOOR PLAN

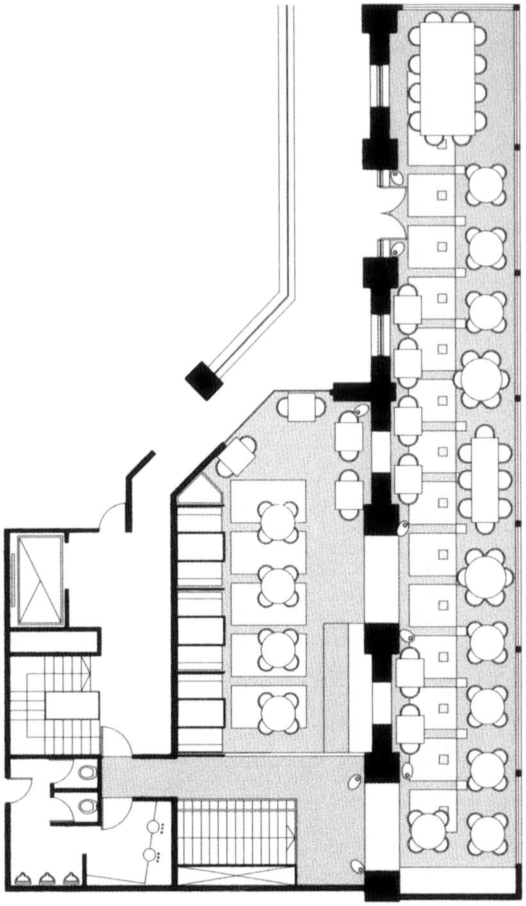

PLANTA PRIMER PISO / SECOND FLOOR PLAN

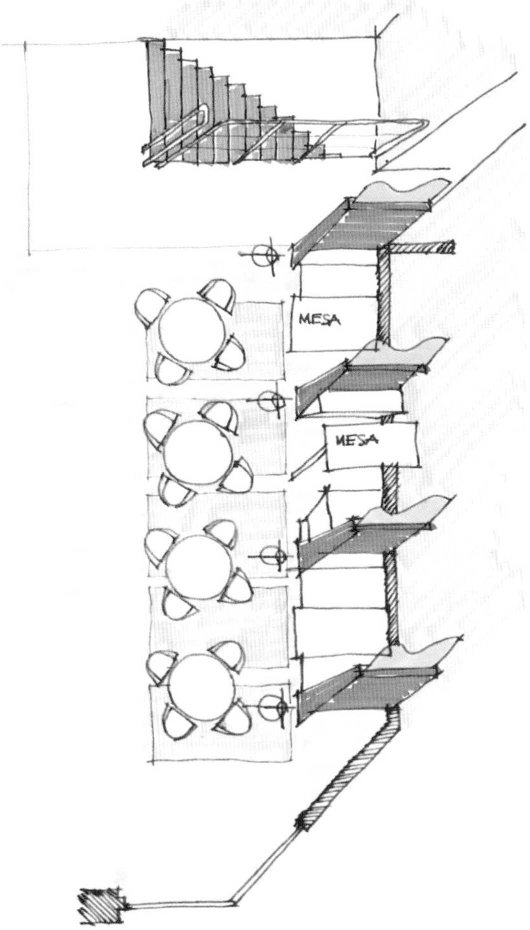
MESA
MESA

PUERTO
SORRENTO
RESTAURANT

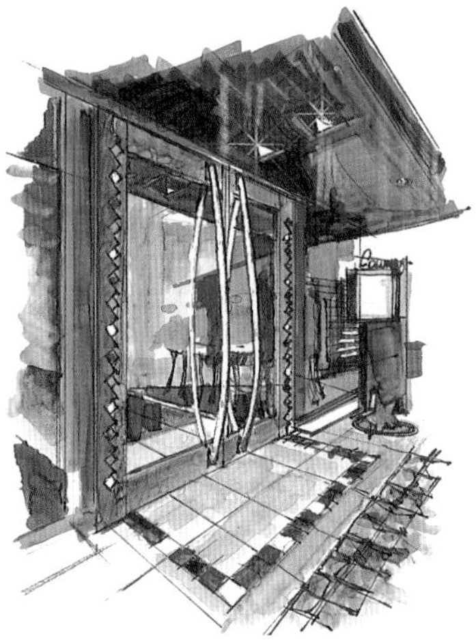

COLUMBUS

ARQUITECTOS / ARCHITECTS:
ESTUDIO FALCON Y ASOCIADOS
FOTOGRAFIAS / PHOTOGRAPHIES:
LUIS ABREGU,
DANIELA MAC ADDEN, ARQUITECTA / ARCHITECT
UBICACION / LOCATION:
PUERTO MADERO, BUENOS AIRES, ARGENTINA
AREA DEL PROYECTO / BUILDING AREA:
820 m² / 8,760 S.F.
AÑO DE CONSTRUCCION / PROJECT CONSTRUCTION:
1995

❑ **E**n la actualidad, el diseño de restaurantes es una precisa combinación entre la propuesta arquitectónica, el estilo de comidas, el gasto promedio por cubierto y la imagen requerida para cumplir con las necesidades del mercado.

Puerto Madero presentó un espacio arquitectónico sumamente acotado, donde la poca altura y la numerosa cantidad de columnas fueron determinantes en el proyecto. A estas variable se les suma un programa complejo que abarca tres propuestas diferentes: café, *self service* y restaurante. Es un partido con una clara circulación, remarcada por el cambio de solado, que se articula en un espacio de transición, donde surgen claramente las tres actividades sin perder fluidez espacial. Las áreas generadas se diferencian a partir de los materiales, formas y equipamiento.

Los cielorrasos cuentan con variados diseños, privilegiando de esta manera el acondicionamiento acústico. Los artefactos de iluminación suman originales propuestas donde se destacan las pantallas de pergamino y metal patinado, intentando evitar la visión directa de la fuente de emisión de luz, creando un clima cálido orientado a las sensaciones, ya que la calidad de la luz estimula los sentidos, creando drama y exuberancia en el espacio.

❑ **N**owadays, restaurant design is a precise combination of the architectural proposal, the style of the food, the average price per meal and the image required to comply with the market's needs.

Puerto Madero offered a strongly limited architectural space, where the low ceiling height and the large amount of columns became determining factors in the design. Added to these conditions was a complex program which includes three different proposals: cafe, self-service and restaurant. It is a concept with a clear circulation, stressed by the change of flooring, which has been articulated into a transition space, in which the three activities are clearly present without losing spatial continuity. The areas generated are characterized by the materials, shapes and furnishing.

The ceilings have a variety of designs, privileging the acoustic conditions. The light fittings add original proposals, the most striking are the parchment and metal shades, which try to avoid a direct view of the light source, creating a warm climate focused on sensations, as the quality of light stimulates the senses, creating drama and exuberance within the space.

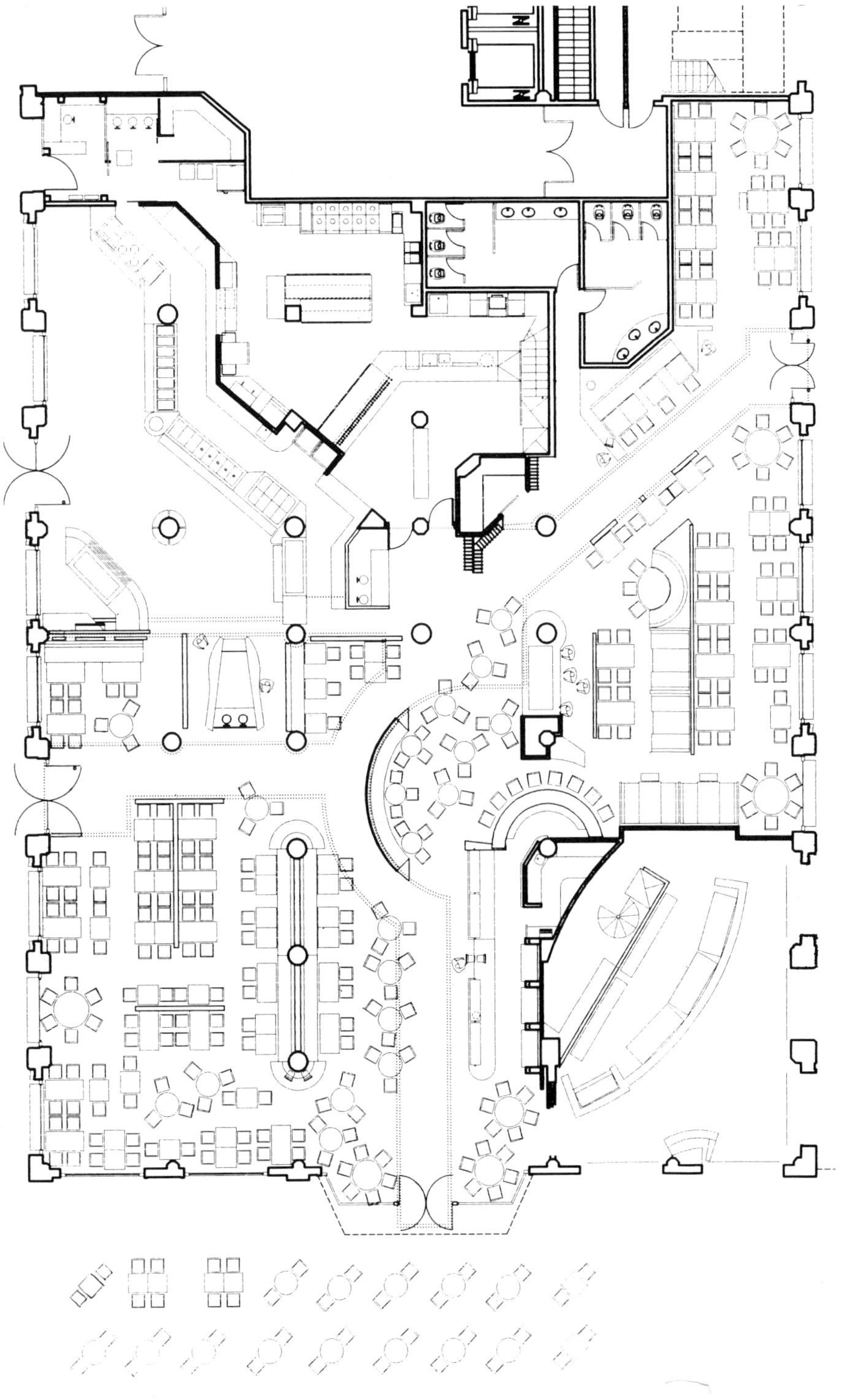

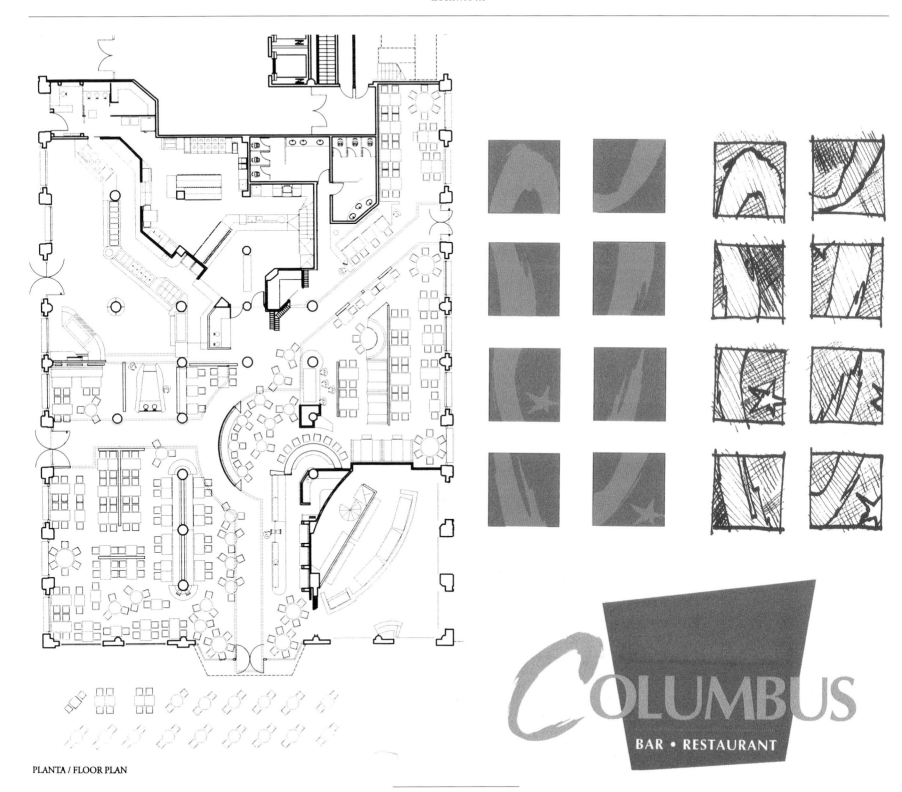

PLANTA / FLOOR PLAN

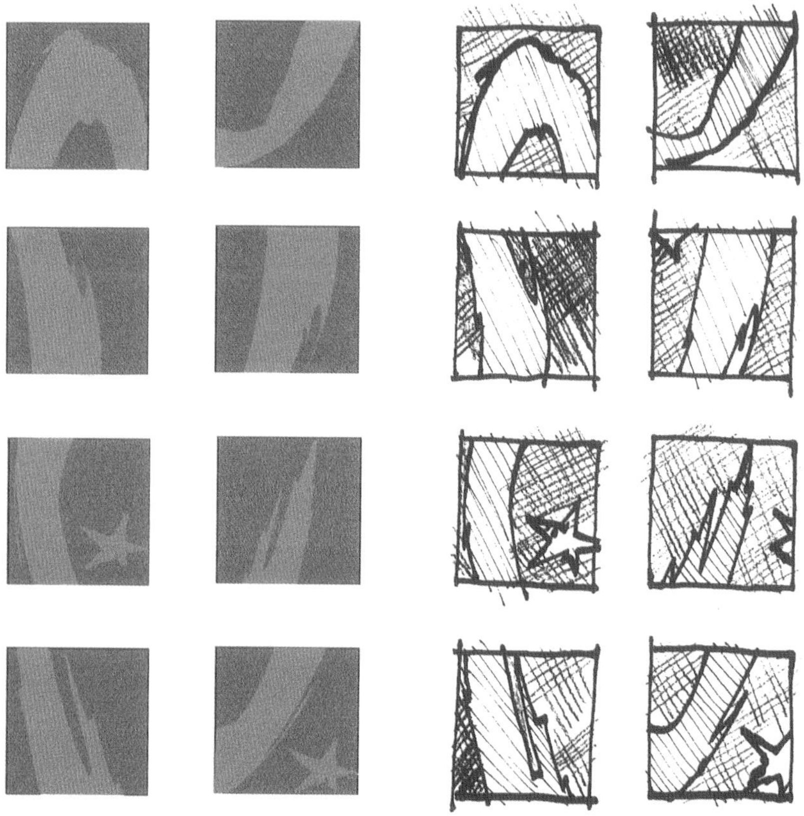

COLUMBUS

BAR • RESTAURANT

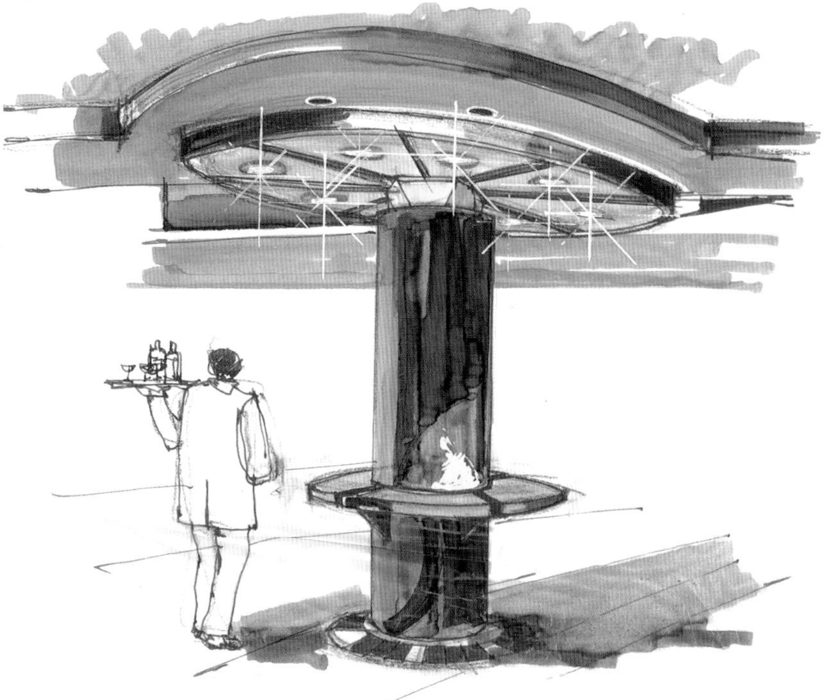

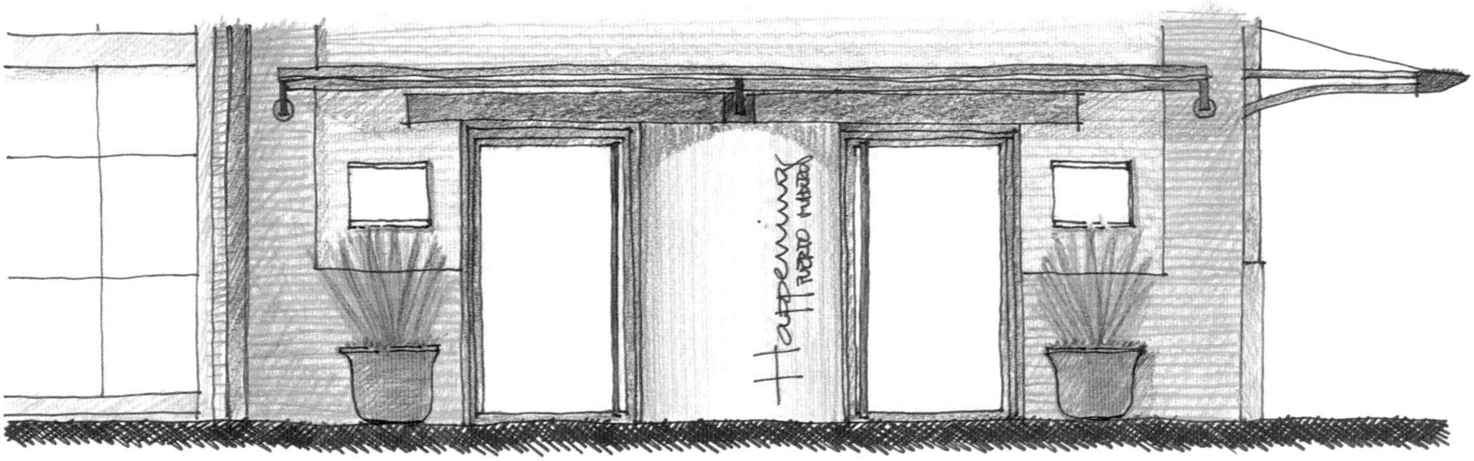

HAPPENING

ARQUITECTO / ARCHITECT:
DANIEL ISLA CASARES
ARQUITECTA ASOCIADA / ASSOCIATE ARCHITECT:
ROSA ABOY
COLABORADORES / COLLABORATORS:
FLAVIO GINES, EDUARDO RICCIUTI, MARIA VIRGINIA TORRUELLA, ARQUITECTOS / ARCHITECTS
FOTOGRAFIAS / PHOTOGRAPHIES:
LUIS ABREGU
UBICACION / LOCATION:
PUERTO MADERO, BUENOS AIRES, ARGENTINA
AREA DEL PROYECTO / BUILDING AREA:
810 m² / 8,660 S.F.
AÑO DE CONSTRUCCION / PROJECT CONSTRUCTION:
1995

La intención de lograr una identidad con el ambiente portuario a partir del uso de los materiales se alcanzó con la utilización de los que se recuperaron del dock original: los pisos y muebles se realizaron con las vigas de pinotea del edificio; la mampostería de ladrillo se dejó a la vista en todos los lugares que fue posible. El hierro se utilizó en el cielorraso, zócalos, cornisas, dinteles y en muchos muebles, bodegas, apoyos de mozos, barra de adicionistas. En todos los casos se aplicó al metal un tratamiento y acabado confiriéndole el aspecto envejecido y oxidado de un viejo casco de barco.

Conciliar su gran superficie para lugares diferentes y la privacidad entre las mesas fue uno de los desafíos. El equilibrio entre el gran espacio del dock y un carácter intimista se logró a partir de áreas diferenciadas por función, equipamiento e iluminación.

La resolución técnica de las numerosas instalaciones que se requerían se vio dificultada por la escasa altura, de apenas 3 m a fondo de losa: se recurrió a un cielorraso suspendido de bandejas de mallas de hierro, lográndose además una excelente acústica.

La tarea de diseño fue exhaustiva, hasta en los más pequeños detalles de terminación. Por pedido del comitente, para los baños del público se destinaron superficies importantes, jugando en sus espacios con materiales como piedra, acero, granito negro y cristal.

The idea of producing an identification with the atmosphere of the port through the use of materials, was put into practice by using those recovered from the original warehouse: the floors and furniture were made from the wooden beams of the building; the brickwork remained exposed wherever possible. Iron was used on the ceilings, wall bases, cornices, lintels and in many pieces of furniture, wine stores, waiters' support areas, till counter. In all cases the metal was treated giving it a patina with the aged and rusty look of an old ship's hull.

To reconcile the large area with the creation of different places and the privacy between tables was one of the challenges. The balance between the large space of the warehouse and an intimate character was produced by the differentiation of areas by function, furnishing and lighting.

The technical solution of the various services required was difficult due to the low ceiling height, only 10 feet to the underside of the slab: it was resolved with a suspended ceiling made of steel mesh trays, additionally obtaining excellent acoustics.

The design work was meticulous, even down to the smallest finishing details. At the request of the client, large floor areas were dedicated to the public rest-rooms, combining within them materials such as stone, steel, black granite and glass.

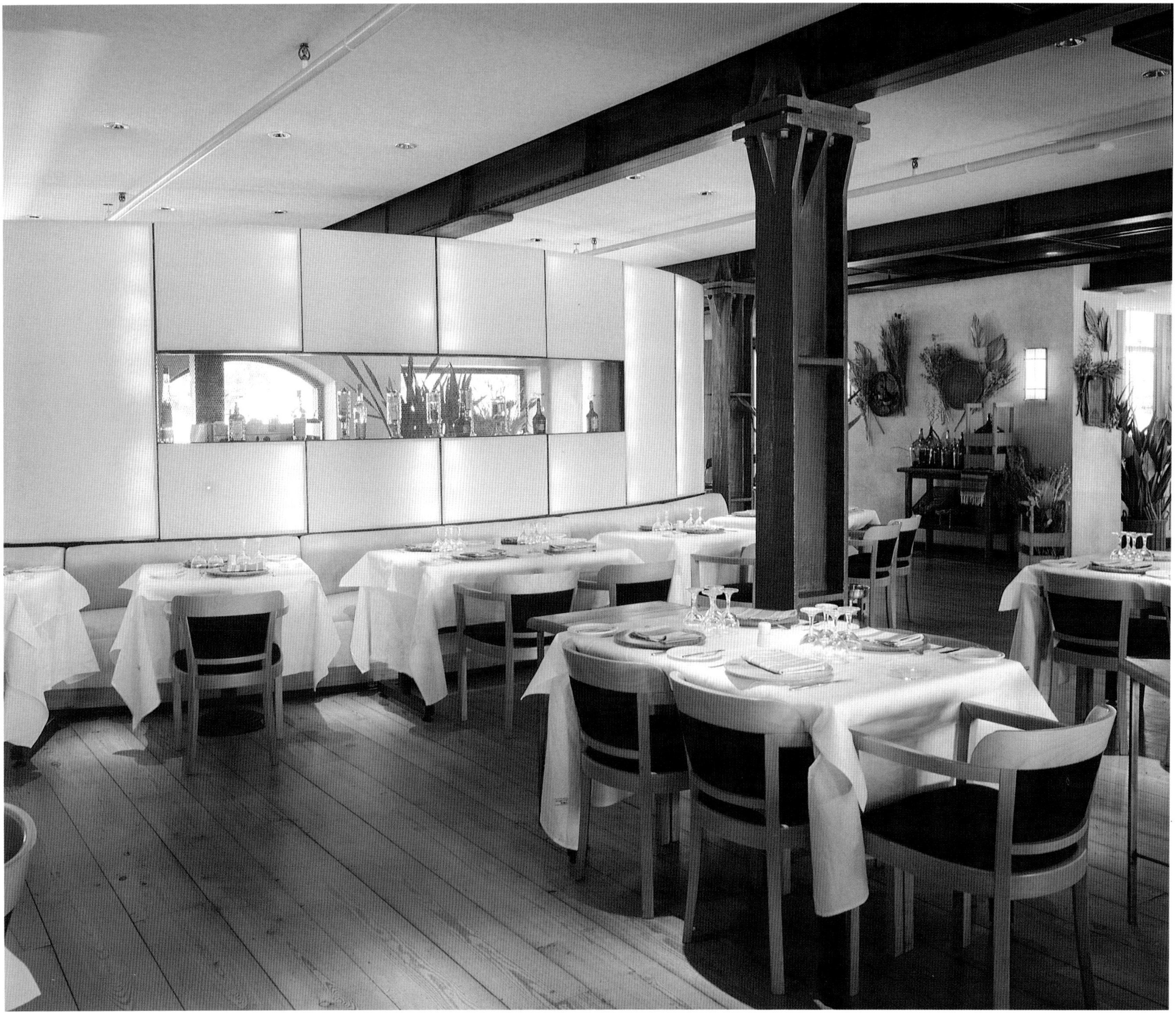

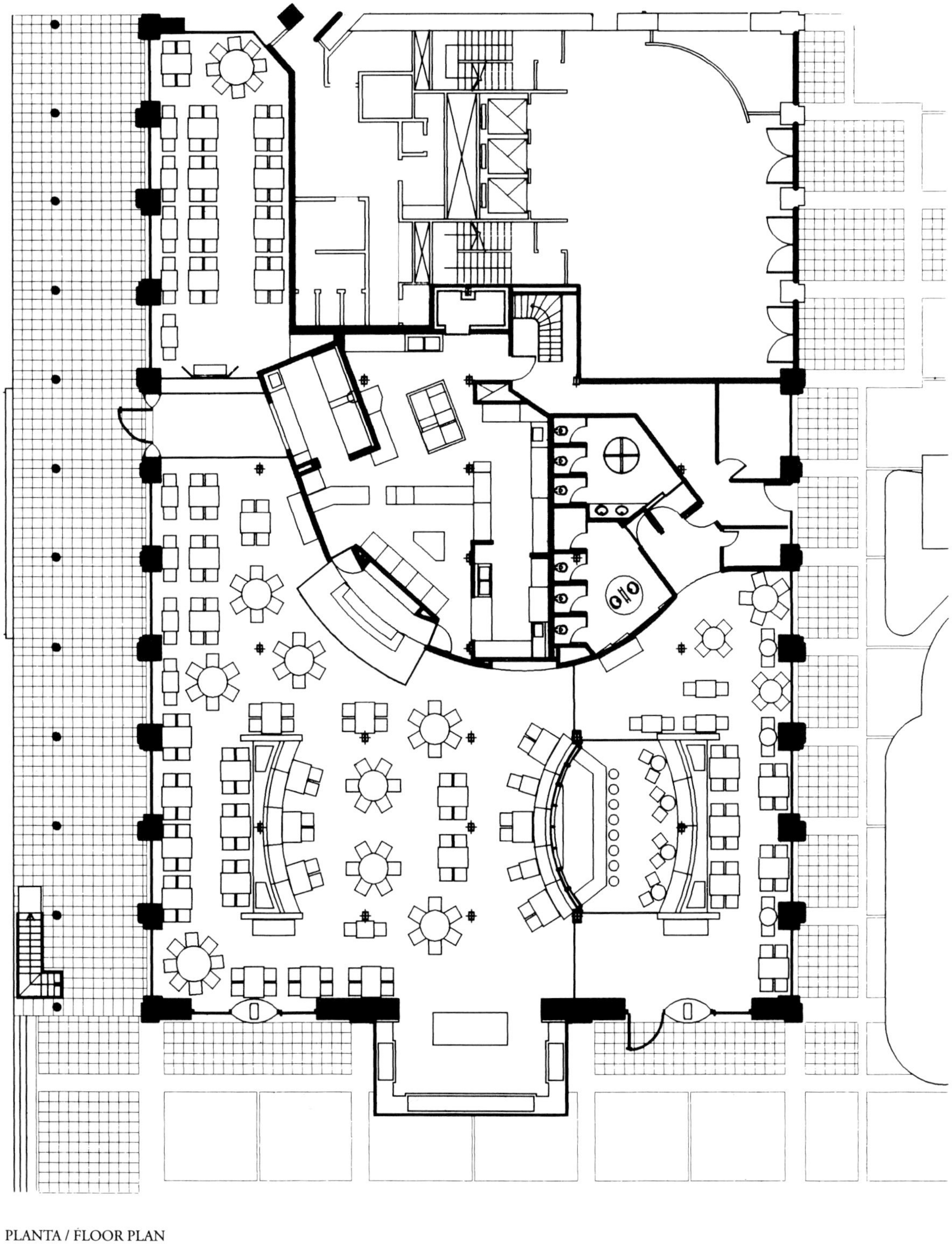

PLANTA / FLOOR PLAN

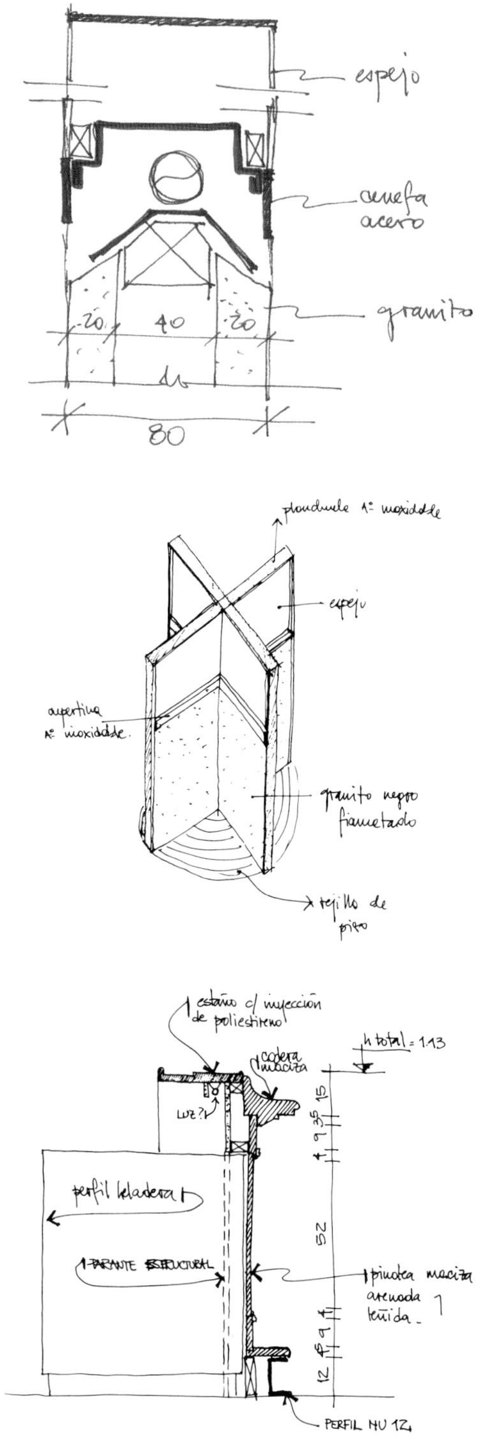

DETALLES CONSTRUCTIVOS / CONSTRUCTIVE DETAILS

Happening
PUERTO MADERO

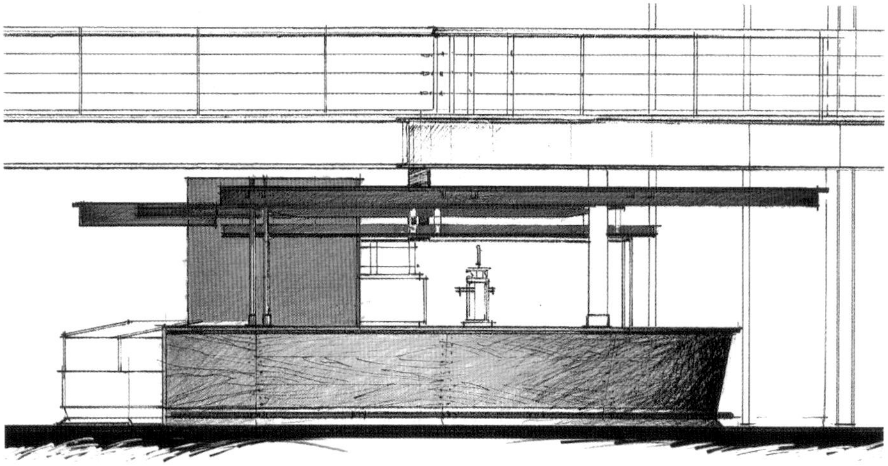

❑ **N**uestra primera aproximación a Puerto Madero se produjo cuando proyectamos el área comercial del Dock del Plata. La coincidencia de este edificio con la prolongación del eje de la Avenida Corrientes hacia el río, le otorga al mismo un real protagonismo. De allí surgió la idea de generar un espacio único –el atrio– elemento particular que acentúa la singularidad del emprendimiento y brinda un remate virtual a la avenida. Precisamente en este atrio de doble altura se encuentra el *Dock Café.*

La intencionalidad fue conceptualizar el tema desarrollando el programa solicitado con muy pocos elementos. Esta búsqueda de síntesis se traduce en una barra curva en madera de fresno, con su apoyatura de servicio y exposición. La horizontalidad fue acentuada con una banda de chapa doblada y acero inoxidable que oficia de cierre virtual del espacio barra. El área de apoyo se encuentra contenida por una "tapa", también de fresno, dado lo expuesto a las visuales que se encuentra. La propuesta cromática y de iluminación intentan acompañar con un lenguaje propio el contrapunto generado entre la masa recta de ladrillo existente y la curva contemporánea blanca.

DOCK CAFE

ARQUITECTOS / ARCHITECTS:
JUAN PFEIFER, OSCAR ZURDO
COLABORADORES / COLLABORATORS:
EDUARDO DI CLERICO, JUAN AIELLO, ALBERTO PEDERNERA, ARQUITECTOS /ARCHITECTS
DIRECCION DE OBRA / ARCHITECT IN CHARGE:
DUCET - REY BALMACEDA, ARQUITECTOS / ARCHITECTS
ILUMINACION / LIGHTING:
ELI SIRLIN, ARQUITECTO / ARCHITECT
FOTOGRAFIAS / PHOTOGRAPHIES:
LUIS ABREGU
UBICACION / LOCATION:
PUERTO MADERO, BUENOS AIRES, ARGENTINA
AREA DEL PROYECTO / BUILDING AREA:
40 m² + EXPANSION / 427 S.F. + EXPANSION
AÑO DE CONSTRUCCION / PROJECT CONSTRUCTION:
1995

Our first contact with Puerto Madero took place when we designed the commercial area of the *Dock del Plata.* The fact that this building coincides with the continuation of the axis of Corrientes Avenue towards the river, gives it real protagonism. From this came the idea of generating a unique space –the atrium– a particular element which highlights the singularity of the development and offers a visual *finale* to the avenue. Precisely within that double height atrium we find the *Dock Café.* ❑

The idea was to conceptualize the subject developing the established program with very few elements. This search for synthesis is translated into a curved bar in ash wood, with its support and exhibition areas. The horizontality was accentuated with a strip of stainless steel and sheet metal which acts as a virtual enclosure for the bar. The support area is contained by a "lid", also in ash, as it is otherwise very exposed to view. The chromatic and lighting proposals try to accompany, with their own language, the counterpoint generated between the rectilinear mass of the existing brickwork and the contemporary white curve.

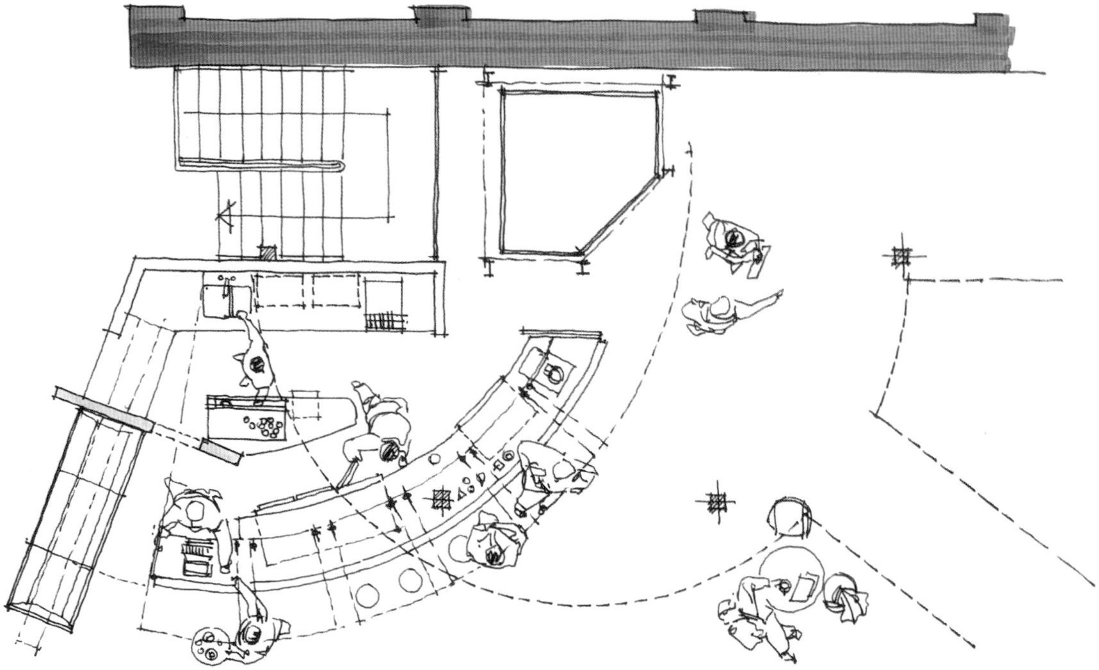

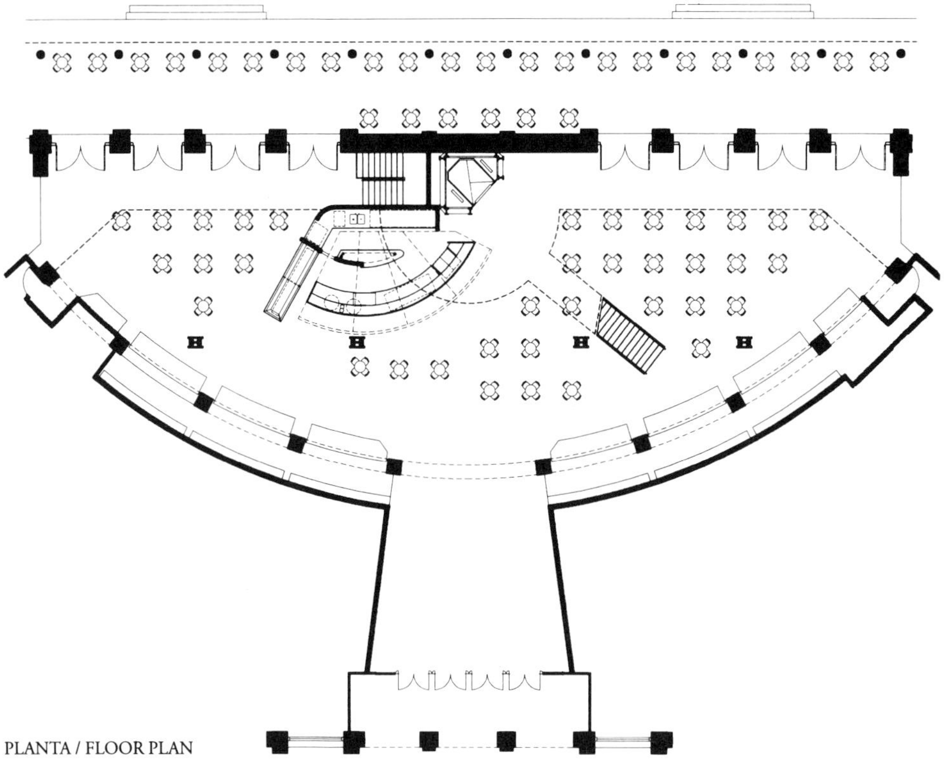

PLANTA / FLOOR PLAN

Bieckert

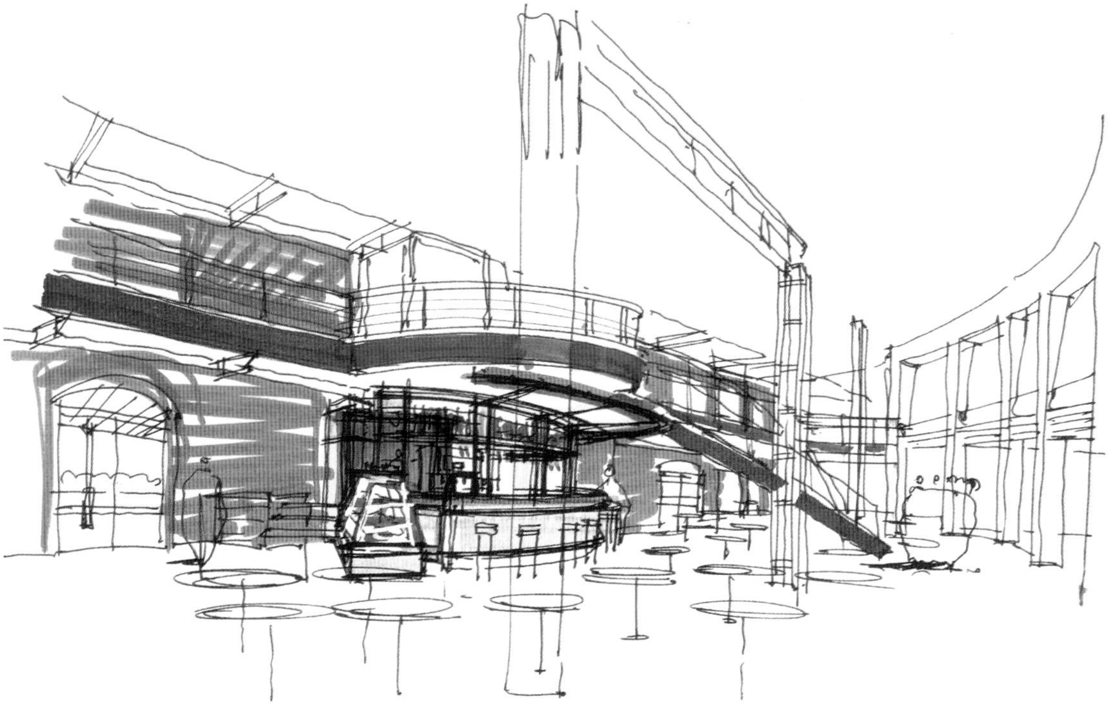

DOCK café

DOCK
café

LIVERPOOL PUB

ARQUITECTOS / ARCHITECTS:
JUAN PFEIFER, OSCAR ZURDO
COLABORADORES / COLLABORATORS:
EDUARDO DI CLERICO, JUAN AIELLO, ALBERTO PEDERNERA, ARQUITECTOS /ARCHITECTS
DIRECCION DE OBRA / SITE SUPERVISION:
DUCET - REY BALMACEDA, ARQUITECTOS / ARCHITECTS
ILUMINACION / ILLUMINATION:
ELI SIRLIN, ARQUITECTO / ARCHITECT
FOTOGRAFIAS / PHOTOGRAPHIES:
LUIS ABREGU
UBICACION / LOCATION:
PUERTO MADERO, BUENOS AIRES, ARGENTINA
AREA DEL PROYECTO / BUILDING AREA:
250 m² / 2,670 S.F.
AÑO DE CONSTRUCCION / PROJECT CONSTRUCTION:
1996

Dock. Ladrillo. Puerto. Barco. *Liverpool Pub.*

En un entorno tan particular como es Puerto Madero, el objetivo principal del emprendimiento fue generar un lugar que por sus características se constituyera en un punto de encuentro peculiar.

A partir de estas condicionantes, se propone un diseño cuya idea básica fue crear un espacio con un estilo muy marcado, que se relacionan morfológicamente con el entorno y se vincula a la historia y tradición inglesa de la estructura muraria de ladrillo a la vista.

El respeto por la arquitectura existente generó un primer espacio, donde la barra como protagonista conforma la imagen del lugar, para continuar a través de las arcadas en un área longitudinal con visuales al río. Los materiales utilizados, como la madera y el ladrillo, conjugando el definitivo perfil donde cohabitan la calidez y la armonía.

Los esfuerzos fueron puestos en crear el clima propicio para este *"meeting point"*, un pub inglés de carácter intimista, donde la propuesta de iluminación pone de manifiesto los distintos órdenes, reforzando el diseño espacial.

Dock. Brickwork. Port. Ship. *Liverpool Pub.*

Within such a special environment as is Puerto Madero, the main objective of the development was to generate a place which by its characteristics would become an unusual meeting point.

Based on these conditions, a design is proposed with the basic idea of creating a space of very marked style, which relates morphologically with the surroundings and is linked to the English tradition and history of exposed brick wall structures.

The respect for the existing architecture generated a first space, where the bar as protagonistic element establishes the image of the place, to continue through the arches into a long area with views towards the river. The materials used, such as wood and brick, take on an importance which together with the details become the basis of the language, establishing the definitive profile where warmth and harmony are combined.

The effort was placed on the creation of the proper climate for this "meeting point", an intimate English pub, where the lighting proposal highlights the different orders, reinforcing the design of the space.

Liverpool Pub
Bieckert

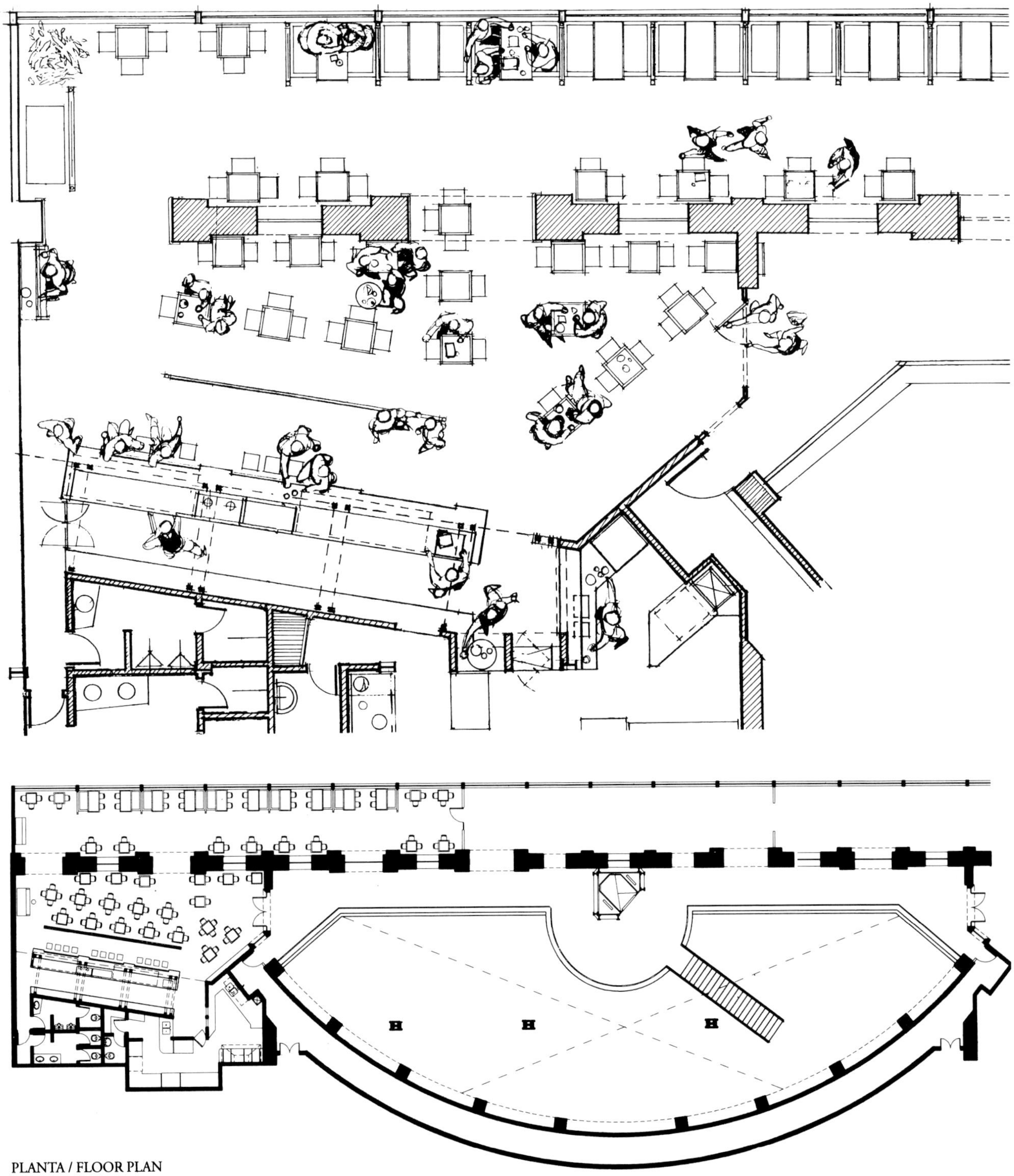

PLANTA / FLOOR PLAN

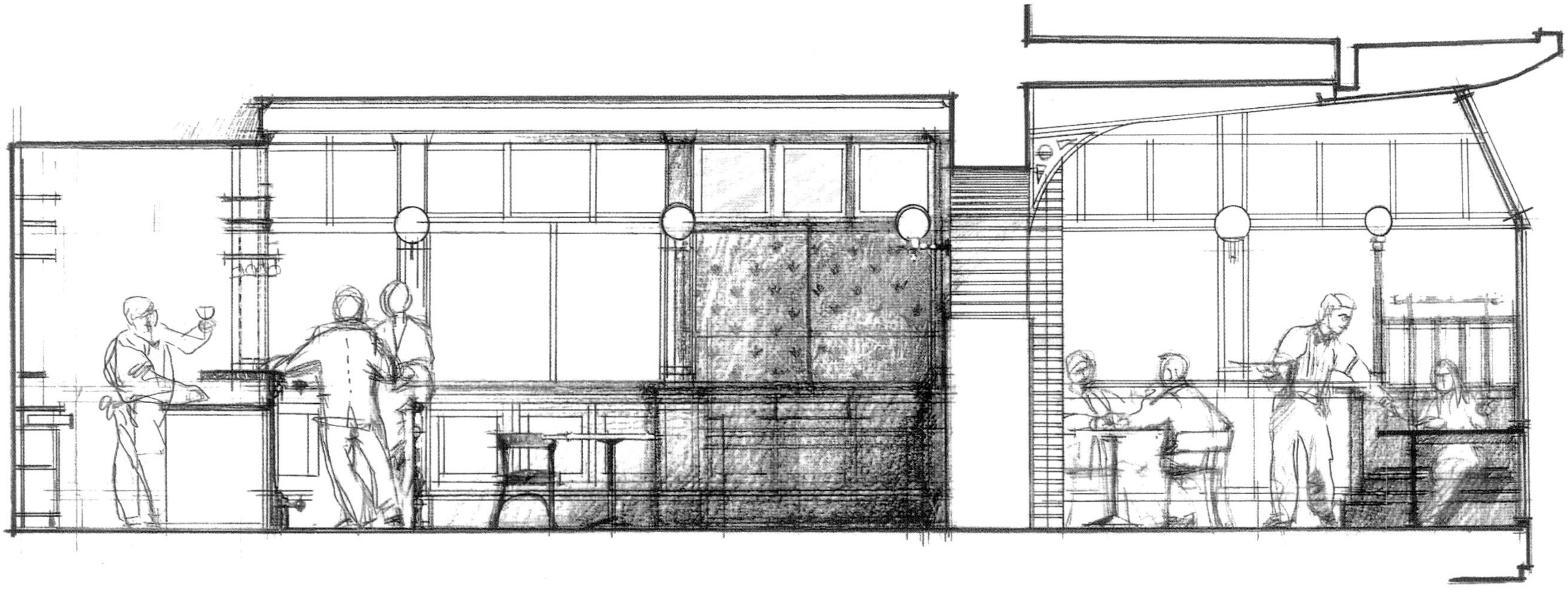

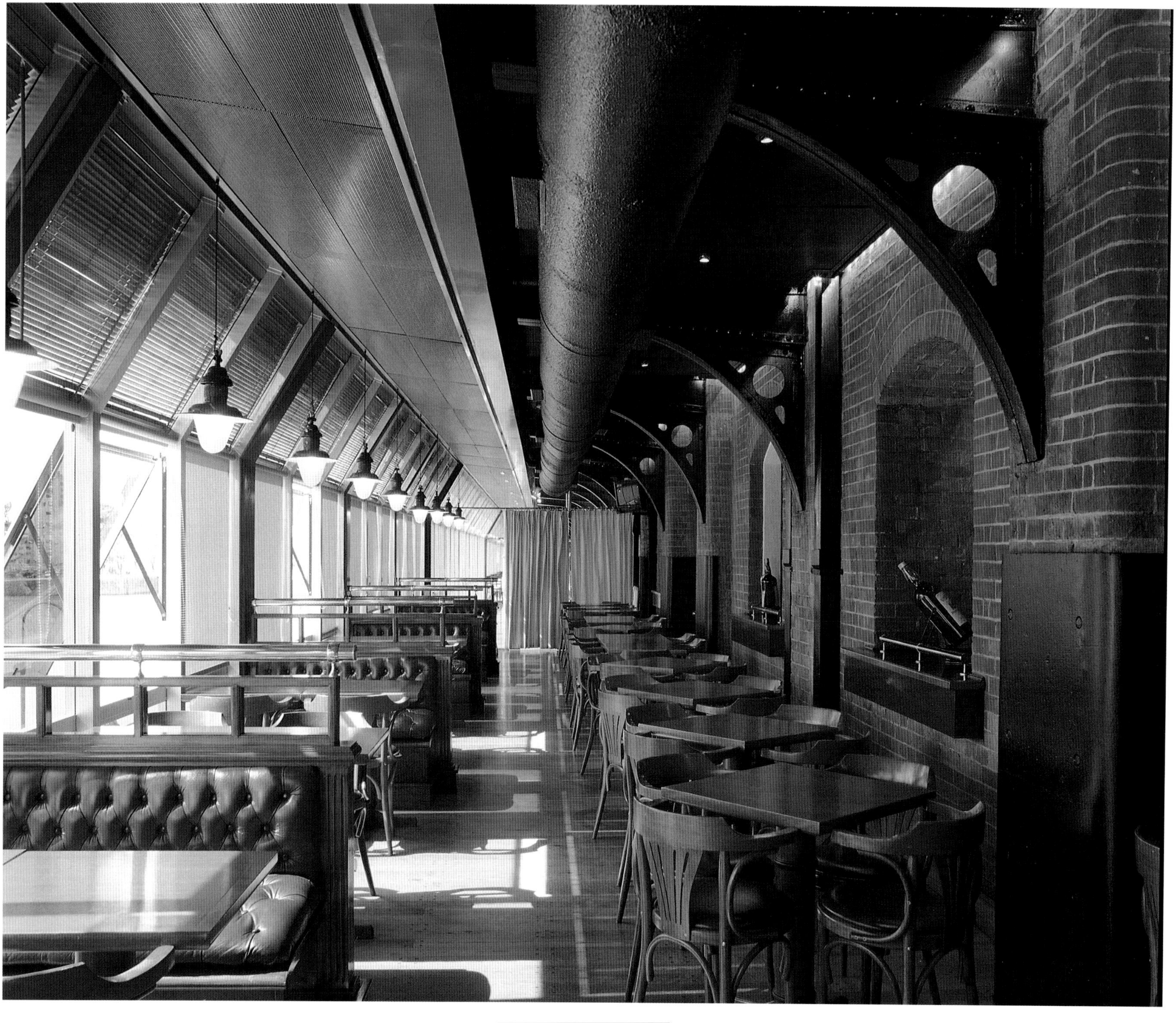

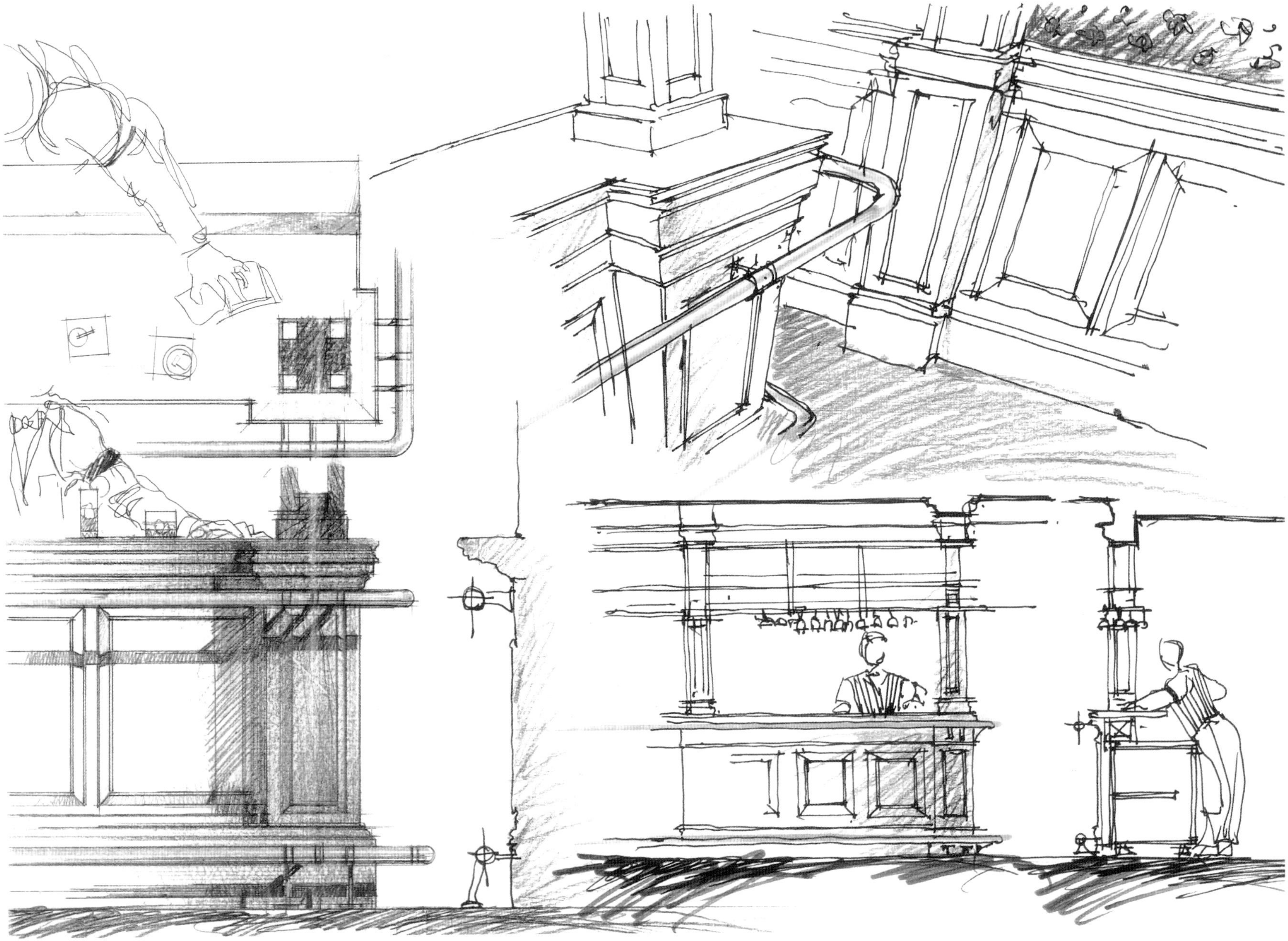

Liverpool Pub

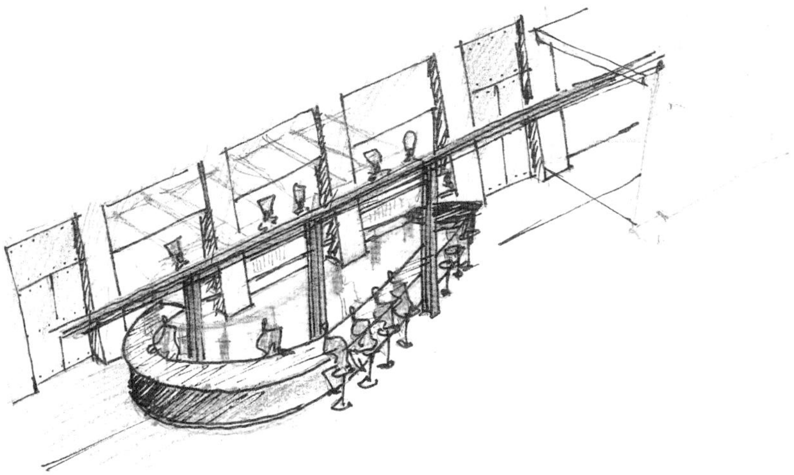

RESTAURANT CHOLILA

PROYECTO / PROJECT:
PABLO SANCHEZ ELIA, JUAN BALLESTER, ARQUITECTOS / ARCHITECTS
AMBIENTACION / INTERIOR DESIGNER:
LAURA ORCOYEN, VICTORIA DE LAS CARRERAS, DECORADORAS / DECORATORS
FOTOGRAFIAS / PHOTOGRAPHIES:
VICKY AGUIRRE
UBICACION / LOCATION:
PUERTO MADERO, BUENOS AIRES, ARGENTINA
AREA DEL PROYECTO / BUILDING AREA:
600 m² / 6,400 S.F.
AÑO DE CONSTRUCCION / PROJECT CONSTRUCTION:
1995

El local que ocupa este restaurante, en el extremo norte del Dock 1 remata en una plaza abierta, lo que permite obtener una vista de los edificios más importantes de la ciudad, del antiguo puerto y sus equipamientos.

El espacio es una planta rectangular con ventanas en tres de sus lados sobre los cuales se volcó el salón comedor. Las zonas de servicio se ubicaron alineadas al costado del lado ciego. La cocina se presenta a la vista entre paños de aberturas y pilastras, remarcada por una gran barra enfatizando el eje transversal del salón, que remata a la plaza de un gran *bow window*. Esta barra se proyecta sobre el centro del salón rompiendo las formas originales de la planta.

Sobre los bordes del salón se organizaron cuatro comedores especiales con mesas redondas, con arañas de hierro negro, pantallas de pergamino, alfombras de yute y óleos pintados especialmente por José Méndez.

Los materiales de todo este proyecto son nobles: mármol, aluminio, suela, maderas; los revoques, texturados con color. Lo clásico y lo tecnológico provocan un ambiente sereno y despojado. La iluminación fue pensada con el tratamiento del cielorraso, con pantallas planas de forma rectangular y luz difusa.

The unit occupied by this restaurant, at the northern end of *Dock 1,* faces an open plaza which allows a view of the most important buildings in the city, the old port and its equipment.

The space is a rectangular plan with windows on three of its sides, against which the dining hall was placed. The service areas were located along the closed side. The kitchen comes into view between openings and pilasters, reinforced by a large bar counter which stresses the axis through the room, reaching towards the plaza in a great bow window. This bar projects into the center of the room breaking the original shape of the plan.

Around the edges of the room four special dining areas were organized, with round tables, black iron chandeliers, parchment lampshades, jute carpets and oil paintings specially produced by José Méndez.

The materials in all this project are noble: marble, aluminum, leather, wood; the stucco, textured with color. The classical and technological elements create a serene and simple atmosphere. The lighting was developed with the treatment of the ceilings, flat rectangular screens and indirect lighting.

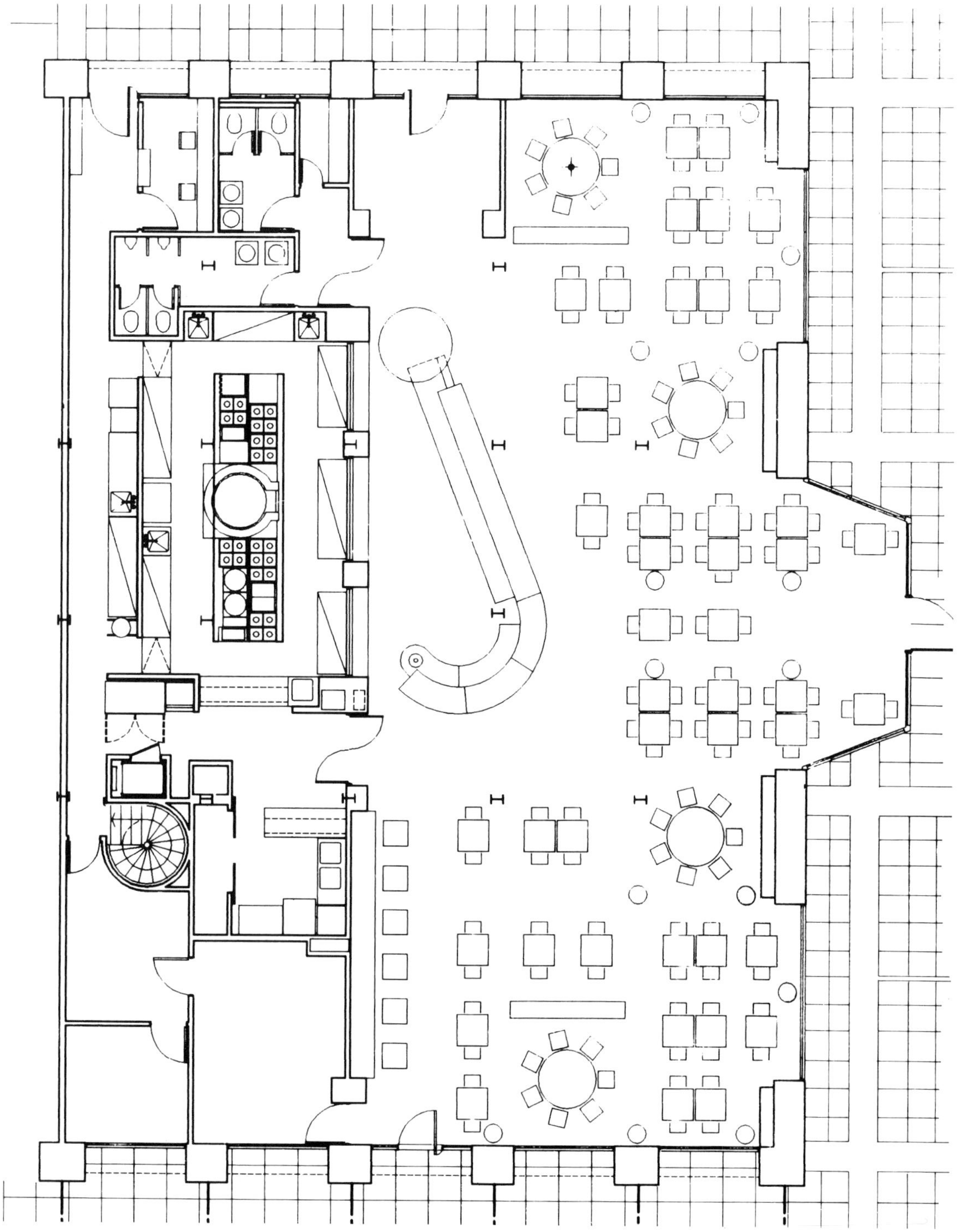

PLANTA / FLOOR PLAN

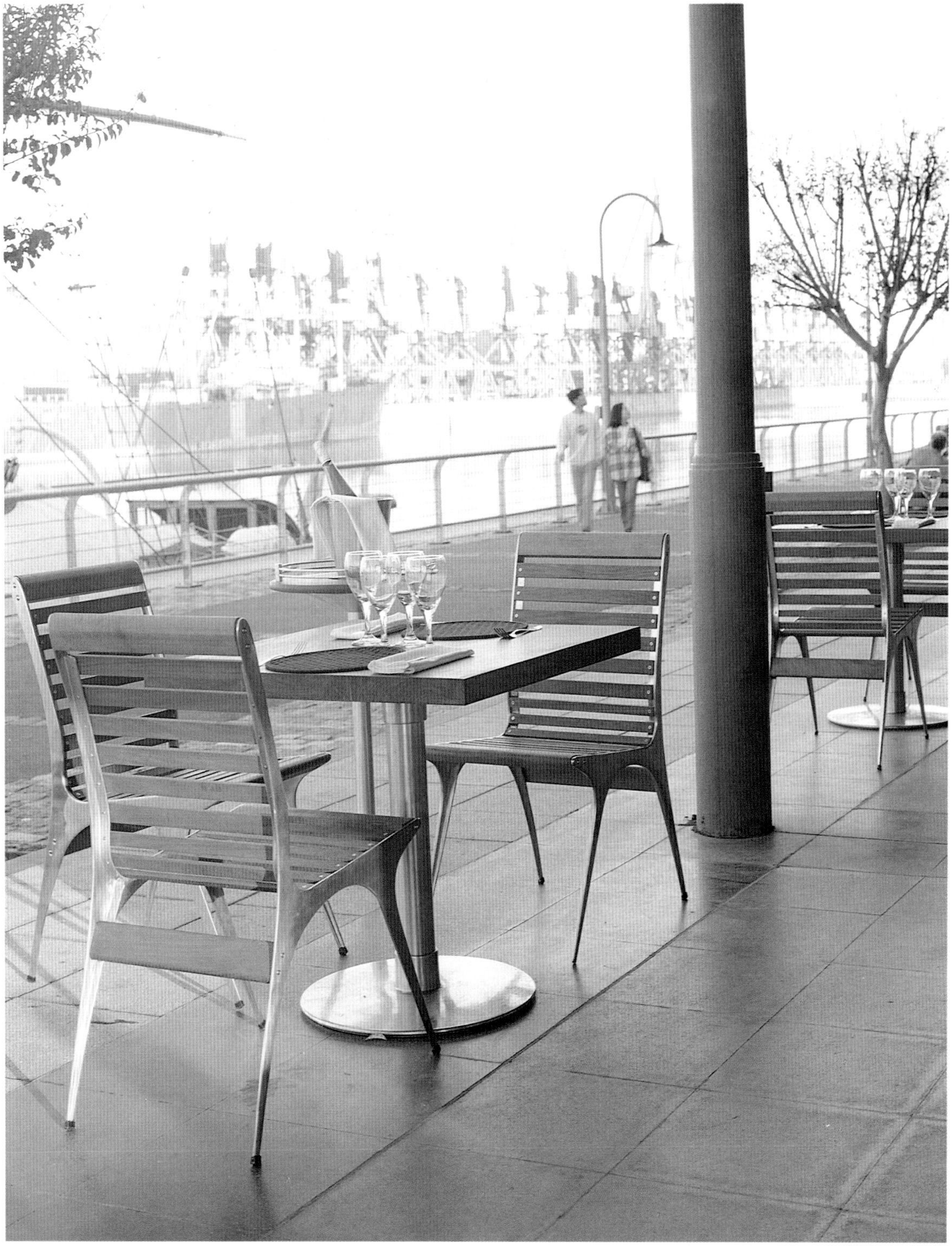

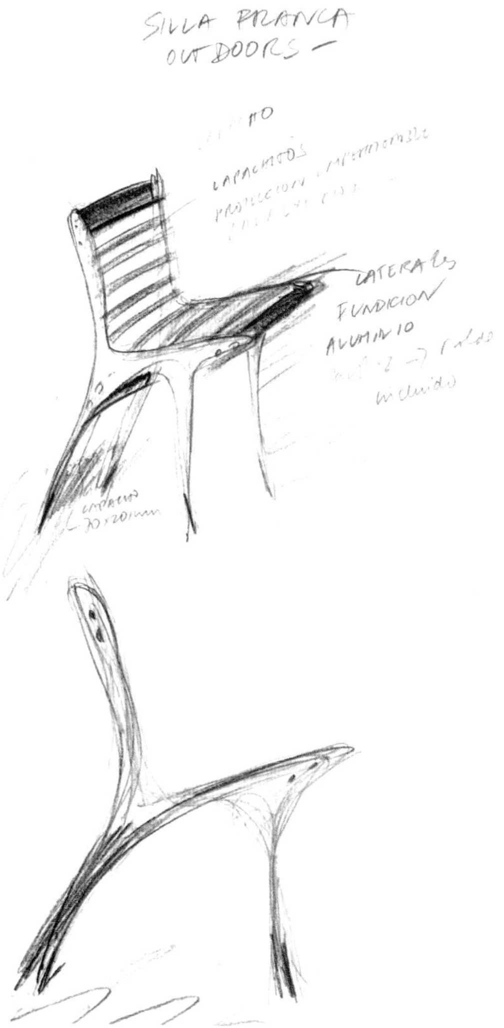
SILLA PRANCA
OUTDOORS —
LATERALES
FUNDICION
ALUMINIO

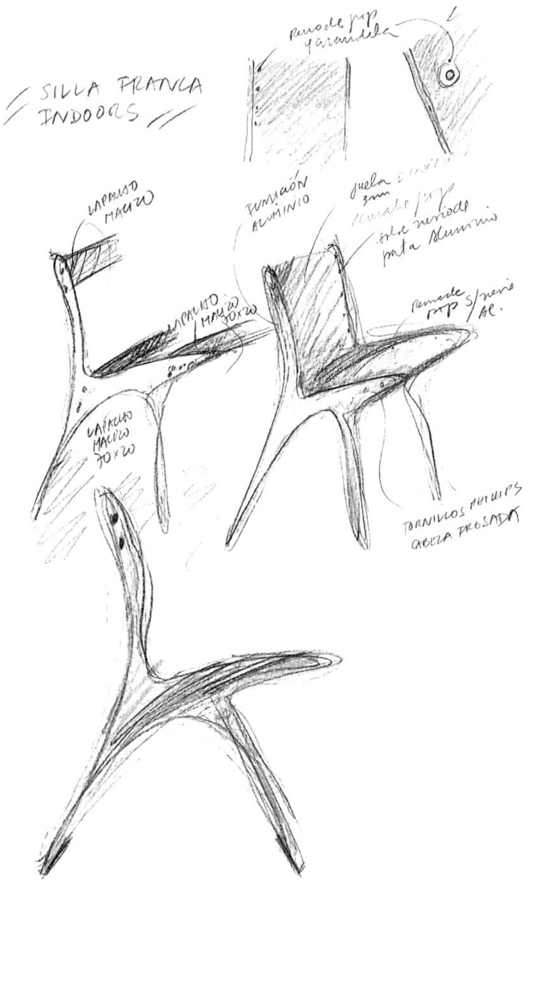
SILLA FRANCA
INDOORS
FUNDICIÓN ALUMINIO
TORNILLOS PHILLIPS

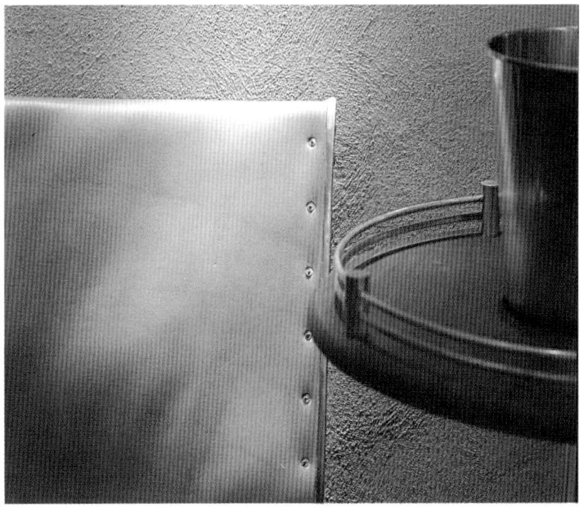

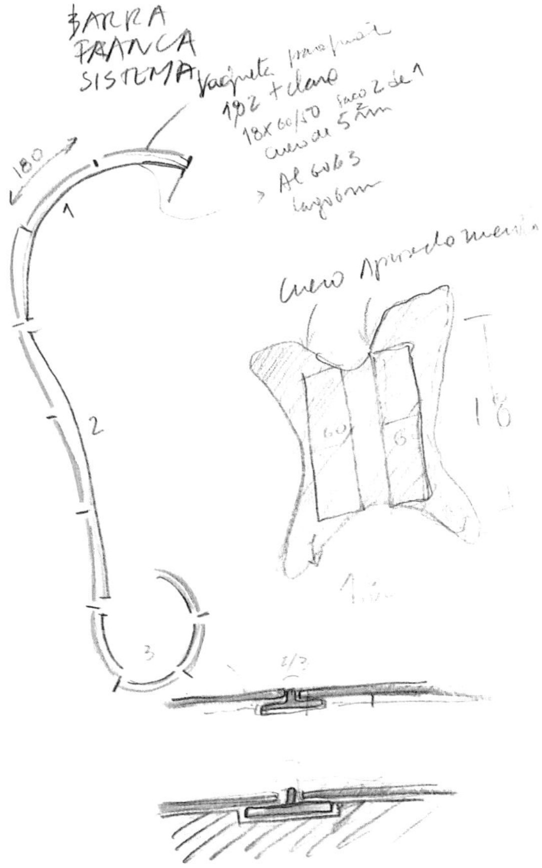
BARRA
FRANCA
SISTEMA
180
1
2
3

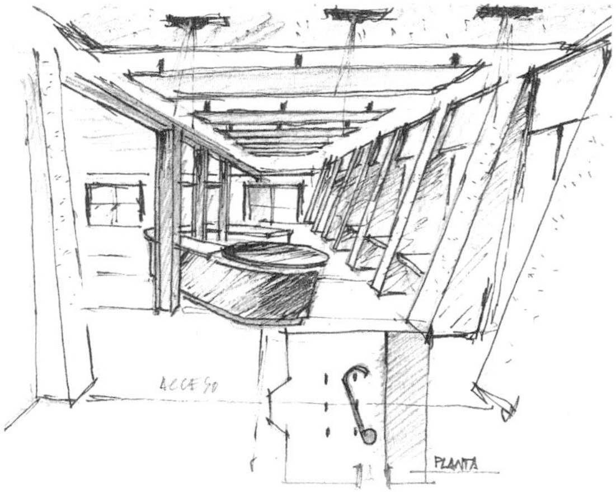
ACCESO
PLANTA

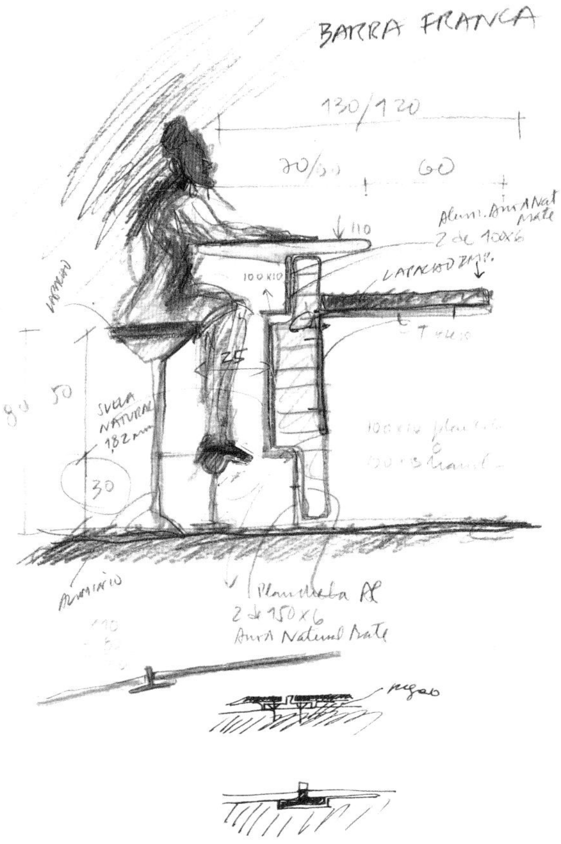
BARRA FRANCA
130/120
60

BARRA
COCINA
CORTE COCINA

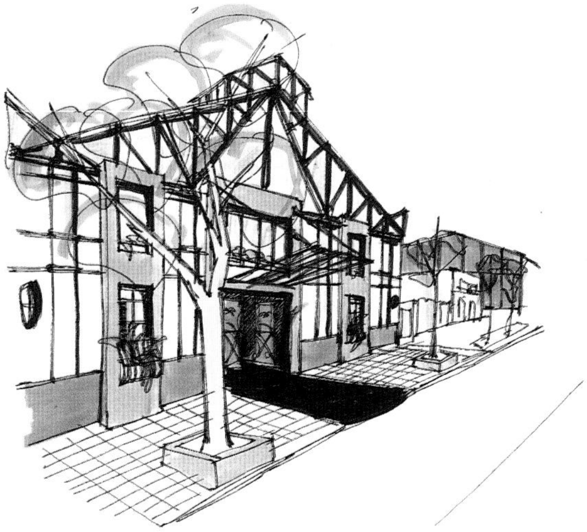

RESTAURANTE PIZZA BANANA SAN ISIDRO

DISEÑO / PROJECT:
MARTIN LOPO
FOTOGRAFIAS / PHOTOGRAPHIES:
LUIS ABREGU
UBICACION / LOCATION:
SAN ISIDRO, PROVINCIA DE BUENOS AIRES
AREA DEL PROYECTO / BUILDING AREA:
633 m²
AÑO DEL PROYECTO / PROJECT DESIGN:
1993
AÑO DE CONSTRUCCION / PROJECT CONSTRUCTION:
1993

❐ Planteada la necesidad de transformar la vieja caballeriza San Antonio en restaurante, debió tratarse de cumplimentar el nuevo programa, que exigía más superficie y más complejidad funcional, procurando modificar lo mínimo posible el carácter del edificio y de su entorno, y teniendo como premisa fundamental la de mantener el tema original de patio de la palta, adaptándolo posteriormente a la tropicalidad del *franchising* de Pizza Banana.

La solución primaria fue techar todo el espacio requerido con cerchas de perfilería y cubierta de chapa que de alguna manera dialogaran con el lenguaje preexistente y con el entorno, remitiendo al carácter de establo, o granero con perfil de campo. Una vez generado este espacio de patio cubierto quedaba rescatar ciertas ideas de partido originario de la antigua construcción, modificada varias veces con el correr de los años, y generar los puntos de unión entre el nuevo y el viejo lenguaje, recobrando todos y cada uno de los elementos preexistentes.

Para mantener el patio y la palta –elemento primordial–, la cubierta fue diseñada con un lucernario, con un techo corredizo para permitir la apertura del mismo, cuando el cuidado del árbol lo requiera.

Este mismo lenguaje de perfilería fue utilizado para generar un entrepiso a nivel donde se encontraban los antiguos techos con pendiente hacia el patio, cuyos cabios de pinotea fueron reutilizados en la construcción de pasamanos.

Se genera allí un espacio amplio destinado a recepciones y reuniones con gran afluencia de público, con balconeo hacia el patio de planta baja, donde resultan

Converting the former old San Antonio stable into a restaurant demanded a design with more complex working space that would modify the building's original character as little as possible while keeping the patio's unique atmosphere, and later adapting it to the Pizza Banana franchise tropical theme.

The first solution was to cover the space with steel-plated beams that went with the farm-stable atmosphere. Once the patio was covered, it was necessary to take some ideas from the original construction that had been changed over the years, linking the new and the old concepts.

To preserve the patio and avocado tree , which was essential, the covering was designed with a skylight and sliding roof that could be opened when necessary to care for the tree.

This same concept was used to create a mezzanine where the former roof sloped towards the patio. The roof's pine rafters were reused for the banister.

There a large space with a balcony over the patio was created for parties and meetings. There are two areas for the restaurant. One in the former boxes –more private– and the other on the patio which has black flagstones, surrounded by the original bricks that have been restored.

Part of the additional building in the front was torn down to enlarge the patio and unify space. The outside entrance leads to a hall. This allows the side rooms to be independent.

The area for the kitchen and pizza oven occupies all the back part of the building (the old kitchens) and

dos espacios para el restaurante, uno en los antiguos boxes –más reservado–, y otro en el patio con laja negra y el perímetro de ladrillos artesanalmente recuperados y restaurados del original.

Para clarificar la idea del patio, se ha optado por demoler parte de la vivienda agregada que se hallaba al frente, dándole un carácter unitario al espacio. El acceso graduado desde el exterior a un hall distribuidor permite a los salones laterales ser independientes del patio central.

El área de cocina y horno de pizza toman toda la parte posterior del edificio (antiguas cocinas), la que se ha sectorizado integrándola por la barra-bar.

El punto supremo de este diálogo sería la fachada en la cual debería rescatarse la totalidad de molduras y pilastras originales, agregando las ventanas de la segunda planta y el techo a dos aguas. La mezcla se ha logrado bajando elementos del lenguaje metálico (pérgola de acceso, dintel) y subiendo elementos preexistentes (pilastras y molduras).

El hall de acceso, como volumen sustraído de la fachada, es un anticipo que permite insinuar el clima tropical que explota en el interior, vislumbrando todo el naranja –ocre, palmeras y plantas que en el interior se desarrollan a sus anchas–. Los elementos de la ambientación característica: arpilleras, canastos, palmeras, girasoles y espejos tropicales se han distribuido de acuerdo con la estructura del local y respetando la modulación original.

Se ha tratado de mantener el patio y los recorridos que nos permiten tener una perspectiva diferente de esos típicos espacios.

has been divided into sectors, which are connected by the bar.

The front has all the original molding and plaster. Windows and a run-off roof were added on to the second floor. The mix was obtained by playing down metallic elements (the pergola in the entryway, the threshold) and playing up pre-existing plaster and molding.

The entryway gives a hint of the tropical climate that bursts into full force inside. With all the oranges, ochres, palms and plants covering it. Typical decoration includes: burlap bags, baskets, palm trees, sunflowers and tropical mirrors laid out in keeping with the building's structure, and respecting the original molding.

The patio and paths have been maintained to give a different perspective of those typical places.

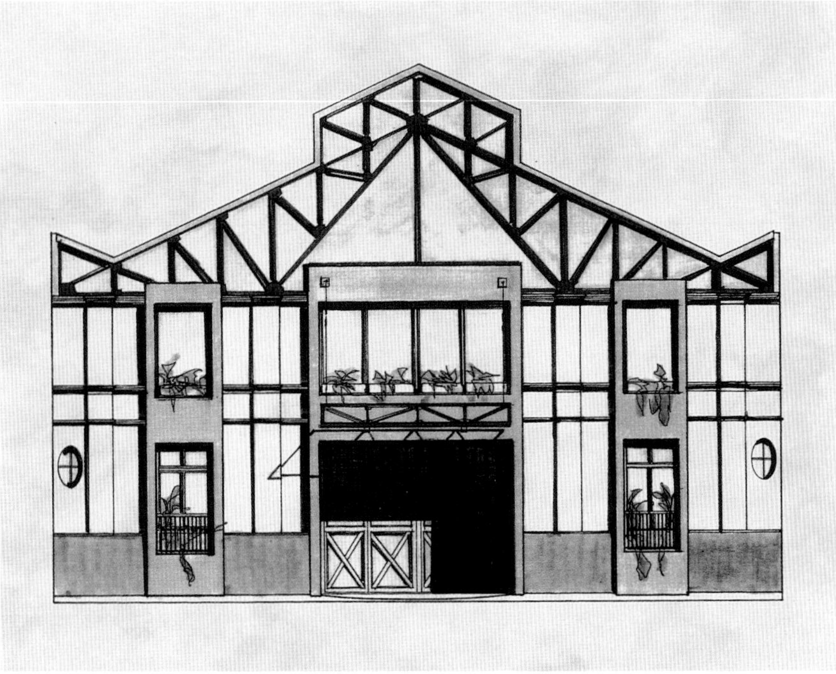

ALZADO FRENTE / FRONT ELEVATION

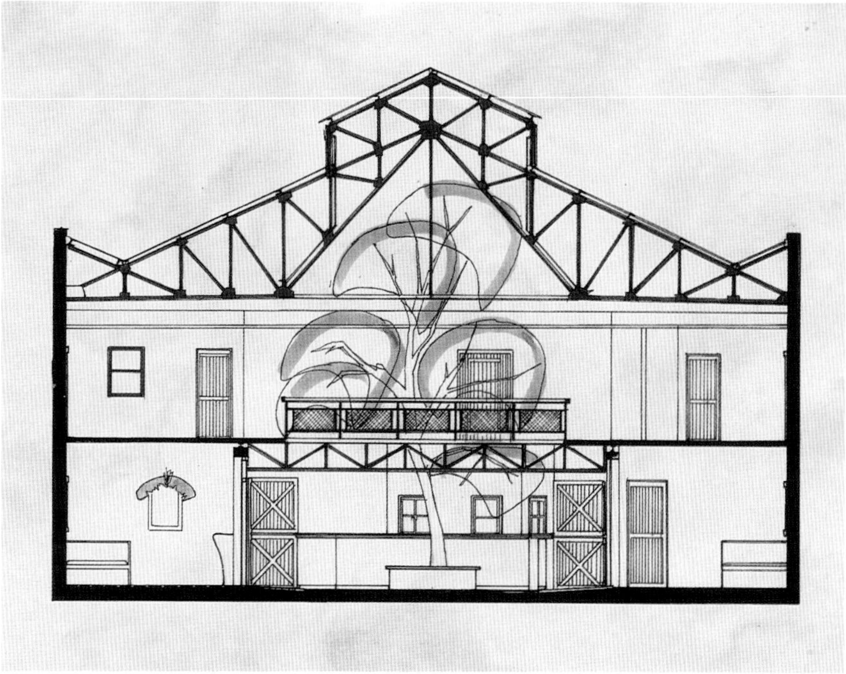

SECCION TRANSVERSAL / CROSS SECTION

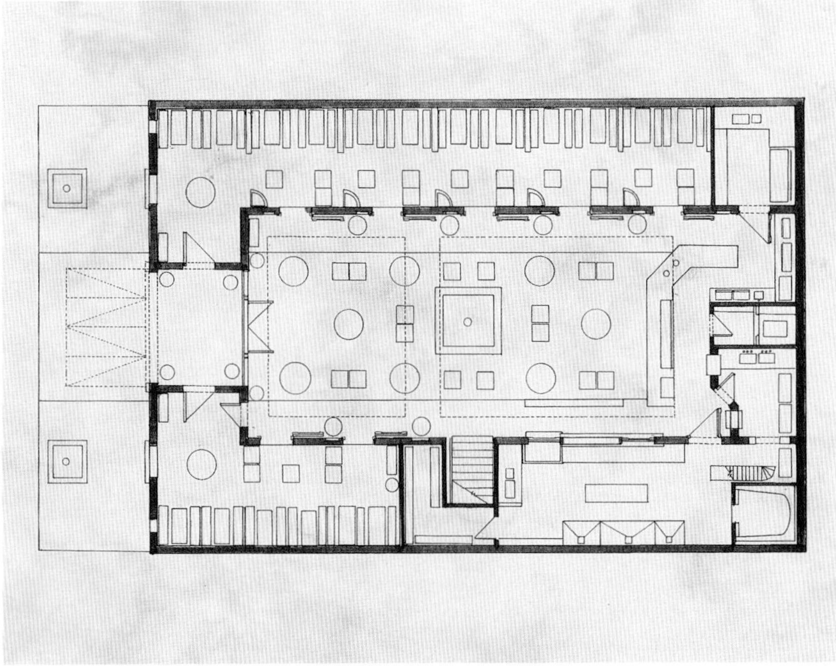

PLANTA BAJA / GROUND FLOOR

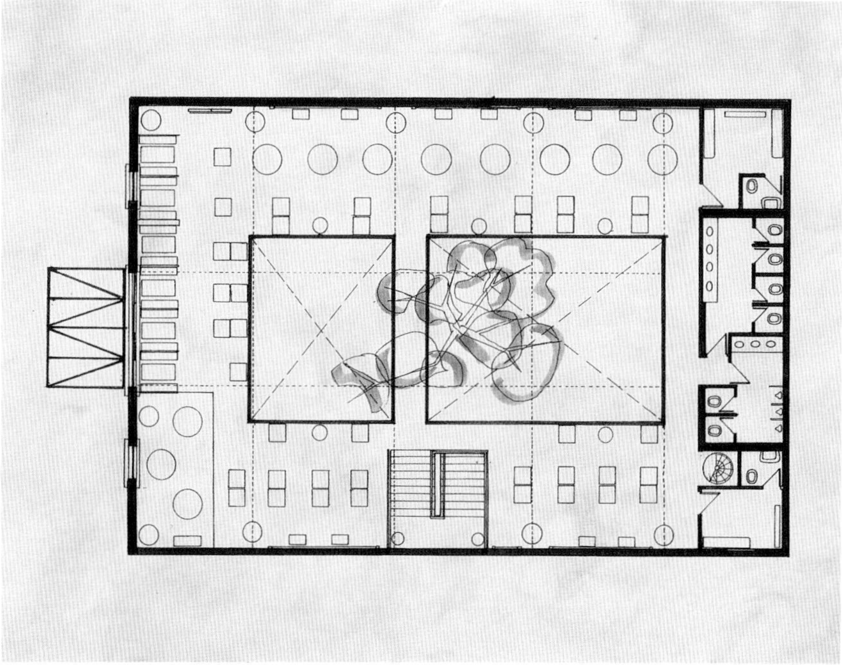

PLANTA ALTA / FIRST FLOOR

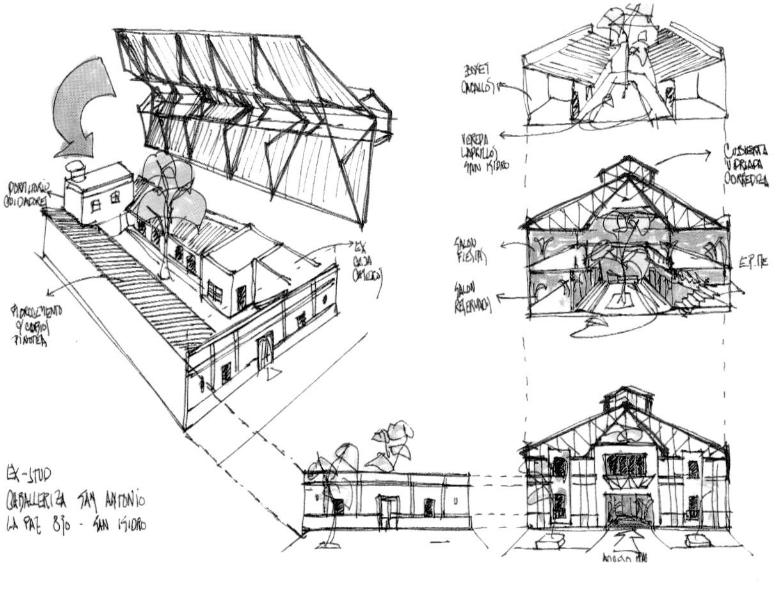
VEREDA LADRILLOS SAN ISIDRO
SALON FIESTAS
SALON RESERVADO
EX-STUD
CABALLERIZA SAN ANTONIO
LA PAZ 870 - SAN ISIDRO

PIZZA BANANA
SAN ISIDRO

ODEON BAR

ARQUITECTOS / ARCHITECTS:
BENADON - BERDICHEVSKY - CHERNY
DIRECCION DE OBRA / ARCHITECT IN CHARGE:
SILVIA ROMEO, ARQ.
EMPRESA CONSTRUCTORA / CONSTRUCTOR:
GAROFALO CONSTRUCCIONES S.R.L.
FOTOGRAFIAS / PHOTOGRAPHIES:
LUIS ABREGU
UBICACION / LOCATION:
CAPITAL FEDERAL
AREA DE PROYECTO / BUILDING AREA:
400 m²
AÑO DEL PROYECTO / PROJECT DESIGN:
1994

El proyecto, realizado bajo el puente metálico del Ferrocarril Mitre, busca crear un espacio de cuidado diseño. El tema, bar-discothèque, que a menudo es tratado a partir de preconceptos, estereotipos y, en general, con desprecio por la calidad ambiental y de materiales, lejos de fundarse en una arquitectura efímera, ha sido enfocado con cuidado en el diseño del detalle y el uso de materiales nobles.

La interacción entre la nobleza de lo existente y la calidad de lo nuevo que agrega el proyecto fue eje de la idea rectora. Lo que brinda el espacio vacío bajo el puente –hierro en bruto en el cielorraso, muros con trabas de ladrillo de tradición inglesa en paredes– contrasta y se conjuga con los materiales refinados propuestos: madera de caoba en el volumen de la cocina y bronce en la barra intencionalmente extensa.

Estos elementos –barra y cocina– colocados de manera exenta y central en la planta promueven un recorrido a su alrededor, determinando una de las ideas básicas del proyecto: el espontáneo movimiento del público como generador del clima distendido que prevalece durante el uso.

Un muro perimetral de hormigón armado trasciende el contorno del local, capturando parte del espacio exterior, y contiene el VIP, francamente comunicado con un exterior verde. El muro, de imagen brutalista y grandes tajos verticales colocados sistemáticamente, proporciona vistas controladas e interesantes tanto desde el interior cuanto desde el exterior. Es particular el reconocimiento intermitente que se tiene a escala vehicular desde la circulación de las avenidas Casares y Sarmiento. La iluminación interior enfatiza el partido

The project, carried out under the metal Mitre Railroad bridge, wanted to create a carefully designed space. The subject, a discotheque-bar, is often treated in a stereotype fashion, disregarding the quality of materials and ambiance. Here however, care has been taken in design details and the use of good materials.

The principal idea was based on interaction between the worthiness of what already existed and the quality of the new elements. The empty space under the bridge –raw iron on the ceilings, walls with brick blocks in the English tradition– contrasts and complements the fine materials used: mahogany wood in the kitchen and bronze on the intentionally long bar.

The bar and kitchen placed in an unobstructed and central way on the floor encourage traffic around the area. One of the project's basic ideas is the spontaneous movement by the public producing a happy-go-lucky feeling.

A perimetral concrete wall goes beyond the place's environs and is the VIP area. It includes part of the outside space and connects with the green outdoors. The wall has a brutal look and huge vertical slashes placed systematically that allow controlled and interesting views from both inside and outside. It is especially interesting to watch traffic move along Casares and Sarmiento streets.

The interior lighting emphasizes the chosen spatial dimensions: loose center and borders within an unfragmented place.

Technically the proposed project tended to move away from the bridge's strong structure (roof and col-

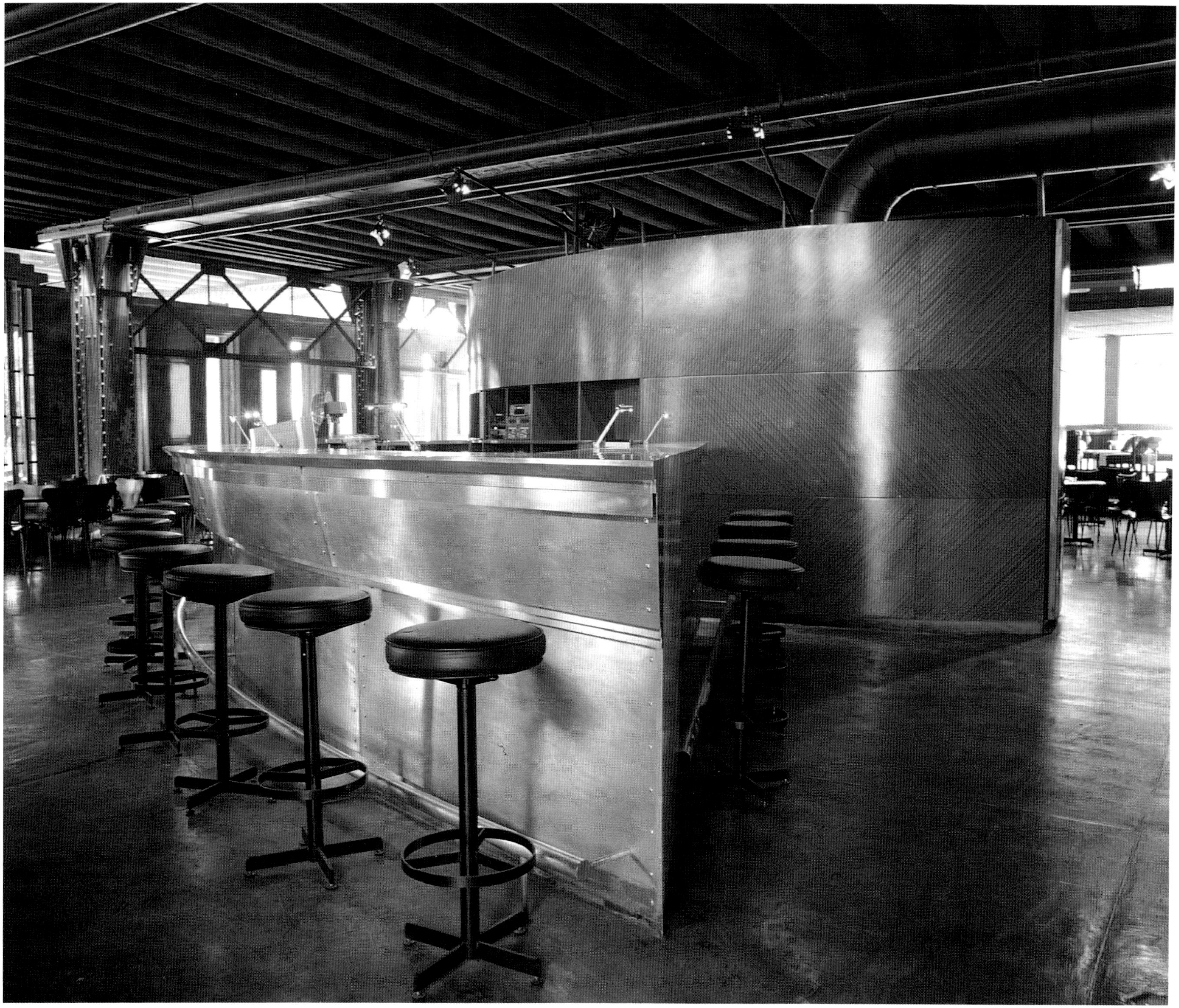

espacial decidido: bordes y centro sueltos, dentro de un espacio no fragmentado.

Técnicamente, el proyecto propuesto tiende a desvincularse de la estructura resistente del puente (techo y columna). Todos los elementos por construir tienen estructura independiente. En los puntos de contacto con el puente, se colocaron juntas flexibles indispensables para asegurar la hermeticidad del local. Toda la caja estructural se materializa con paredes de ladrillo y revoques cementicios de variada textura.

umn). All the elements to be constructed have independent structures. Flexible joints essential to making the disco soundproof were placed on the contact points with the bridge. The entire structure has brick walls and cement plaster with various textures.

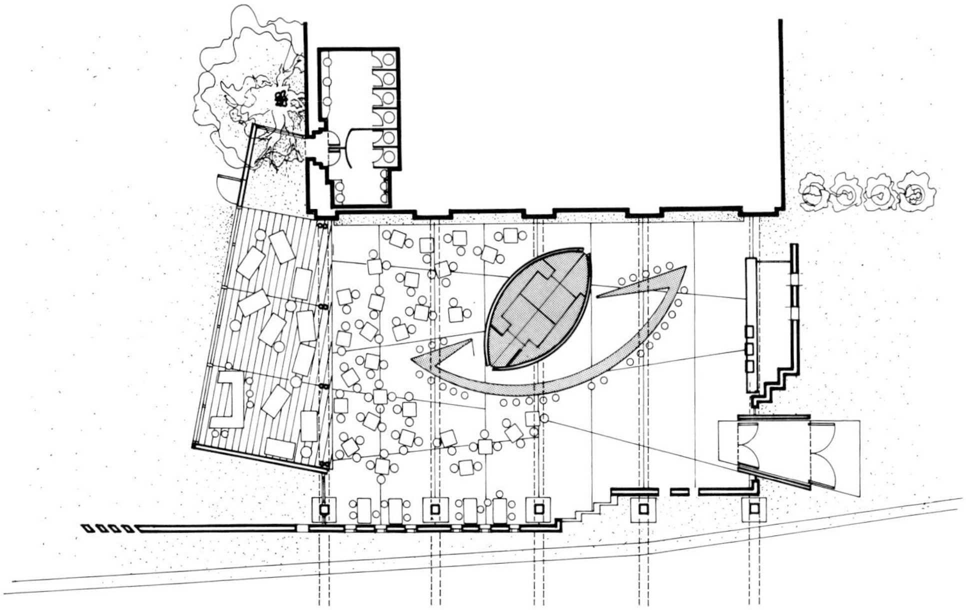

PLANTA / PLAN

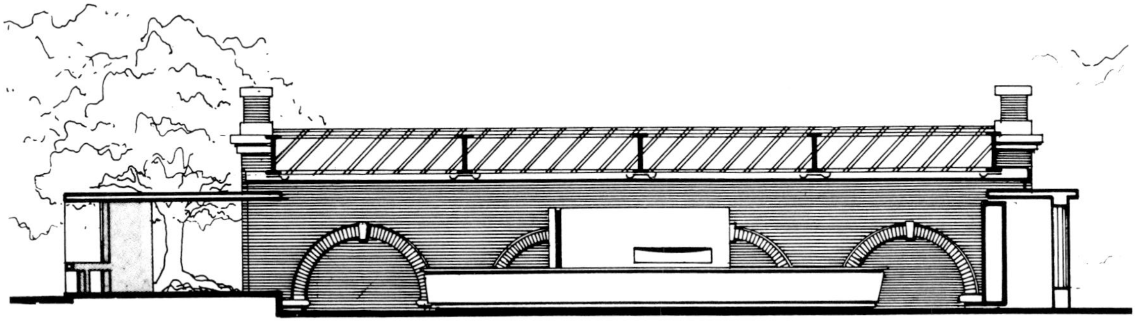

SECCION / SECTION

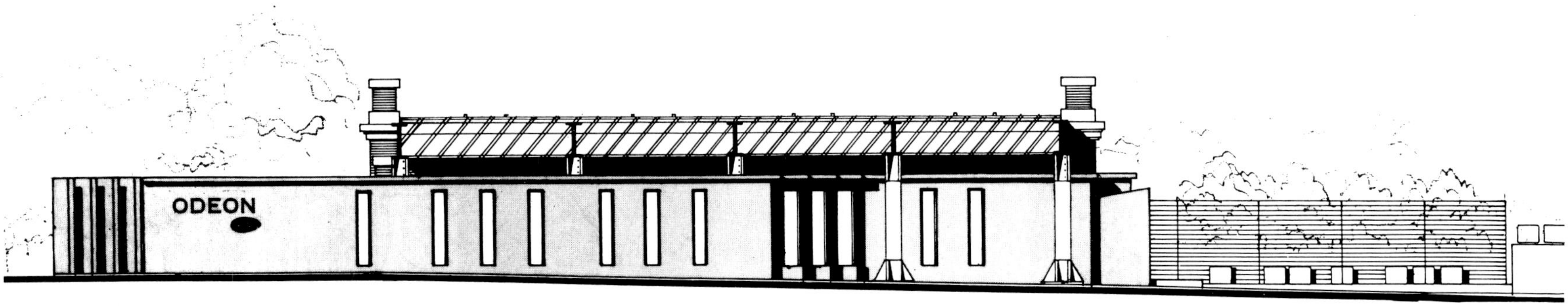

ALZADO FACHADA / FACADE ELEVATION

RESTAURANTE COMO

ARQUITECTOS / ARCHITECTS:
EDUARDO R. CUESTA - CLAUDIO A. URETA
FOTOGRAFIAS / PHOTOGRAPHIES:
LUIS ABREGU
UBICACION / LOCATION:
CAPITAL FEDERAL
AREA DEL TERRENO / LOT AREA:
365 m²
AREA DEL PROYECTO / BUILDING AREA:
328 m²
AÑO DEL PROYECTO / PROJECT DESIGN:
1990
AÑO DE CONSTRUCCION / PROJECT CONSTRUCTION:
1990

Como está repleto de episodios que se manifiestan sobre todo en sus detalles, y se exaltan en la manipulación de la luz. Pone con frecuencia el acento en lo cambiante, lo simultáneo y lo reversible, en la fugacidad de sus direcciones, y en el flujo constante de imágenes, acercando el proyecto al territorio de lo improvisado.

Al hablar de improvisación, no lo hacemos como sinónimo de acción no premeditada, sino como resultado de manejar los acontecimientos para convertirlos en formas.

En esta obra, las decisiones como forma de inicio basan su argumento en un sistema compuesto por tres elementos principales.

El primero es la caja muraria de ladrillo que habla de sus años. A su vez, una nueva pared toma forma con los distintos impulsos con los que se mueven las mesas y sillas buscando su posición; se toma y despega, se agujerea y aportica junto a pliegues marcados en el cielorraso. Eso crea climas diversos acentuados con la vibración de la luz.

En segundo lugar, son las placas de cierre las que determinan los distintos ámbitos, los limitan y conectan, adquieren espesor y relieve. Se destacan por definir espacios en los que predomina el vacío; está relacionado con el tratamiento uniforme y simple del contenedor. La neutralidad del mismo enfatiza el protagonismo de cada placa o muro de cierre. Dos de ellas son las que marcan el área social: una es la fachada en la cual un ventanal en forma de guillotina abre el vano que invita al caminante; la otra permite el acceso a la zona de servicio y se abre exponiendo un ventanal

COMO is full of episodes that are noticeable for their details and heightened by the use of lighting. It often accents change, simultaneous and reversible, the quickness of its directions, and the constant flow of images, bringing the project close to improvisation.

When we talk about improvisation, we do not mean unpremeditated, but rather the result of managing events and putting them into shapes.

In this work, the initial decisions were based on a system with three main elements.

The first is the brick wall frame that reveals its age. At the same time, a new wall takes shape with the different way the tables and chairs are moved around. They are attached and detached, are perforated and put in folds marked on the ceiling. This creates different ambiances which are accentuated by vibrating light.

Second, are the closing plaques that determine the different areas, limiting and connecting them, acquiring width and relief. They especially define spaces where emptiness predominates, it is related to the uniform and simple treatment of containment. Their neutrality emphasizes the importance of each plaque or enclosure wall. Two mark the social area: one is the front where a bay in a large window shaped like a guillotine opens to beckon the passer-by. The other allows entry through the service area. It opens showing an existing large window acting like a skylight. Its curves and lines near the almost central column declare the end of the show. The third plaque cuts the frame in the waiting area and dining room. Its arch suggests a wooden ceiling that frames change. Its opening is cut

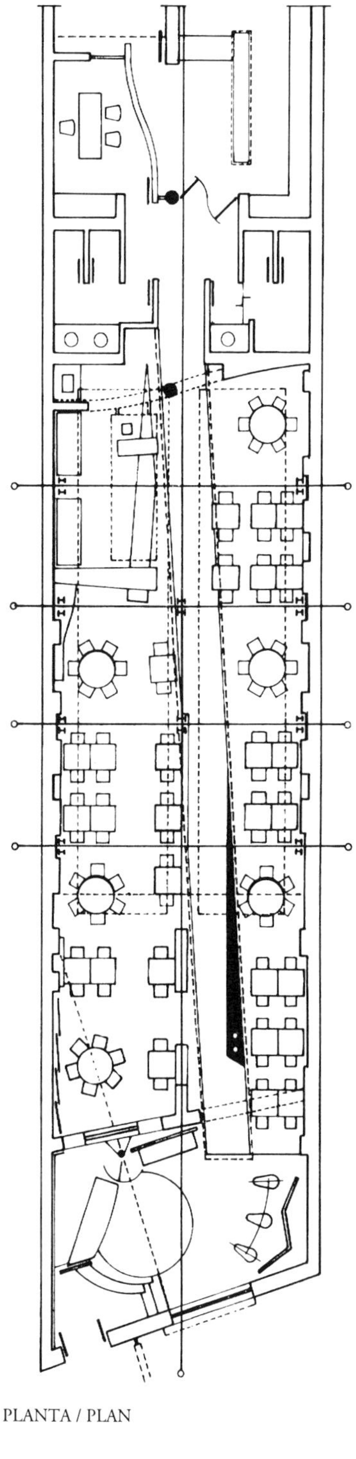

PLANTA / PLAN

existente que actúa de tragaluz; sus curvas y su trama junto a la columna casi central explican el fin del espectáculo. La tercera placa secciona la caja en sala de espera y salón; su arcada insinúa un cielorraso de madera que enmarca el cambio. Su hueco se corta en un plano vidriado central sin marco, que divide y une al mismo tiempo.

En último lugar, mallas metálicas que a modo de cielorraso cubren el salón, cuelgan de pilares de perfiles compuestos mediante tensores de acero, conformando la unidad estructural que construye el techo del salón.

En Como, todos los elementos han sido proyectados para realzar los valores espaciales del lugar.

on a central unframed glass plane that at the same time both divides and unites.

Lastly, metal mesh used as a ceiling covers the room, hanging from side pillars of steel tensors, make up the structural unity of the room's roof.

All the elements in COMO have been designed to heighten the restaurant's spatial values.

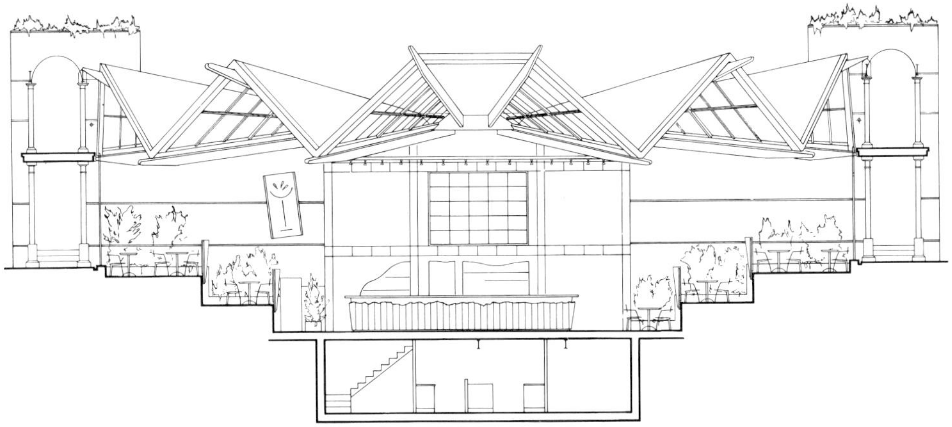

ANFITEATRO BAR

ARQUITECTOS / ARCHITECTS:
KM ARQUITECTURA - ROXANA LILIAN KOMPEL - GRETEL MANUSIA
COLABORADOR / COLLABORATOR:
WALTER DANIEL BERGERMAN, ARQ.
DISEÑO GRAFICO / GRAPHIC DESIGN:
TITO GRANATA
DISEÑO INDUSTRIAL / INDUSTRIAL DESIGN:
TUNEZ DISEÑO
FOTOGRAFIAS / PHOTOGRAPHIES:
LUIS ABREGU
UBICACION / LOCATION:
CAPITAL FEDERAL
AREA DEL PROYECTO / BUILDING AREA:
315 m²
AÑO DEL PROYECTO / PROJECT DESIGN:
1993-1994
AÑO DE CONSTRUCCION / PROJECT CONSTRUCTION:
1994

Cuando llegó al Estudio la posibilidad de intervenir en la refuncionalización del *Anfiteatro* del *Paseo la Plaza* se tuvo muy en claro que debía reelaborar la propuesta del show, sin perder ese rol protagónico que cumplía el *Anfi* dentro del recorrido natural del paseo, dándole vital importancia a su relación con el aire libre y la naturaleza.

Para ello se diseño una cubierta muy liviana que, a través de sus trasparencias, acentúa el clima de espacio abierto. A nivel de su conexión peatonal, una carpintería que permanece la mayor parte del tiempo abierta, brinda una fuerte continuidad entre el *Anfi* y el espacio exterior. El plegado, crea a nivel de la pasarela un ritmo que diluye el concepto de límite, y consigue en todo momento visuales entre el *Anfi*, la pasarela, y el resto del Paseo.

Esta verdadera caja neutra conformada por carpintería y vidrio, se separa como volumen independiente de la pasarela, materializándose en grandes terrazas que giran alrededor de la escena (barra - video wall - show en vivo) recreando el espíritu del *Anfiteatro*. Marcando zonas en esas curvas y escalonamientos por medio del equipamiento, mesas cuadradas, redondas y triangulares en forma alternada que se alinean sin pausa, sólo discriminadas por sus colores (magentas, ocres, azuladas).

El *video wall* se encuentra dentro de un gran entrepiso (apoyo de la barra, lavado, montaplatos, accesos a cocina y depósitos, equipos de aire acondicionado, etcétera), materializado por una estructura de columnas reticuladas y malla metálica, con sectores verdes,

When the studio was given the possibility of redoing the Paseo La Plaza's Amphitheater, it kept in mind that the show had to be reshaped without losing the Amphitheater's starring role in the plaza's layout as well as giving vital importance to its relation with open air and nature.

In order to do all that, the studio designed a very light cover using transparency to accentuate the feeling of open space. Regarding its connection with pedestrians, a carpenter's shop open most of the time gives strong continuity between the Amphitheater and the outdoors. The fold along the handrail creates a rhythm that dilutes the concept of limits and offers constant viewing of the Amphitheater, the handrail and the rest of the Plaza.

This truly neutral frame made of wood and glass, is separate from the handrail, and appears in huge terraces around the scene (bar - video wall - show), recreating the Amphitheater's spirit. Areas in these curves and steps are marked by equipment, endless alternating square, round and triangular tables in different colors (magenta, ochre, blue).

The Video Wall is located in a large technical mezzanine (support for the bar, washing up area, dumbwaiter, entry to the kitchen and storage rooms, air conditioners, etcetera), which use metal mesh network columns with green sections, that divide as well as enable the project's technical heart to be seen.

Attention is drawn to the bar with its curved lines that break the place's symmetry, giving it light and color, turning it into the center of attraction.

que divide pero a su vez deja ver el corazón técnico del proyecto.

El punto de atención se focaliza en la *Barra* de línea sinuosa que rompe con la simetría del lugar, dándole luz y color, convirtiéndola en centro de todas las miradas.

La iluminación del *Anfi* se planteó a través de distintos enfoques:

- General: a través de luz cálida difusa por reflejo en el cielorraso.
- Puntual: con haces cerrados de lámparas AR-111 Silver en el salón.

The Amphitheater's lighting has different touches.

General: warm light diffused from the ceiling's reflection.

Specific: with beams from AR-111 lamps. Silver in the salon.

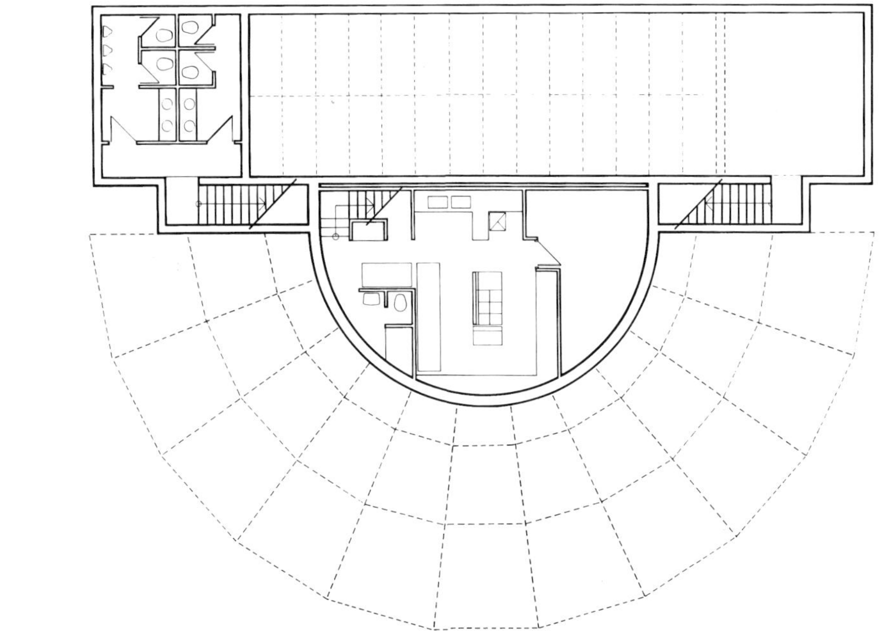

PLANTA SUBSUELO / SUBSOIL PLAN

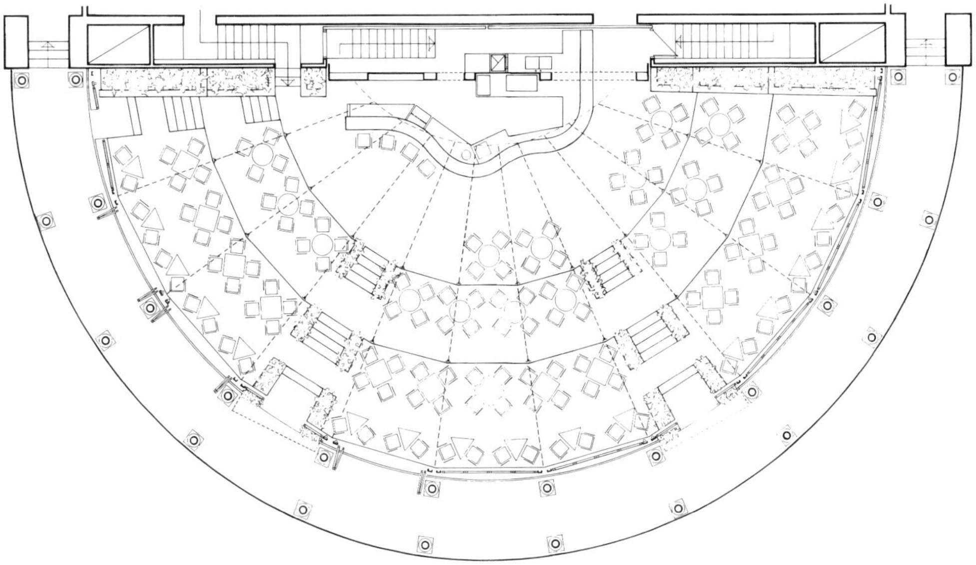

PLANTA BAJA / GROUND FLOOR

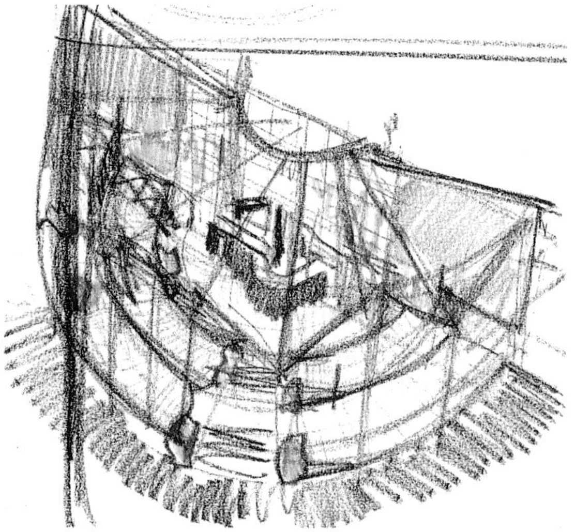

SOLAR DEL JURAMENTO

ARQUITECTOS / ARCHITECTS:
LUIS BEGHER - JUAN GONÇALVES
COLABORADORES / COLLABORATORS:
LILA GUTIERREZ - LUCIA ABBATE, ARQS.
EMPRESA CONSTRUCTORA / CONSTRUCTOR:
ARCOBRA S.R.L.
FOTOGRAFIAS / PHOTOGRAPHIES:
ROBERTO AZCARTE
UBICACION / LOCATION:
CAPITAL FEDERAL
AREA DEL TERRENO / LOT AREA:
426,52 m²
AREA DEL PROYECTO / BUILDING AREA:
903,76 m²
AÑO DEL PROYECTO / PROJECT DESIGN:
1993
AÑO DE CONSTRUCCION / PROJECT CONSTRUCTION:
1993-1994

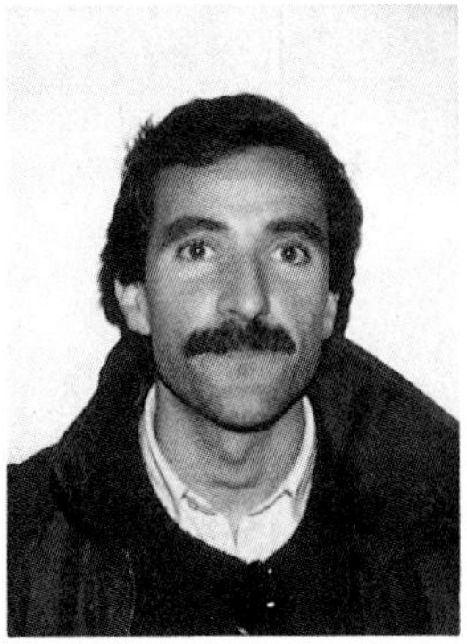

El tema central de la propuesta es redescubrir este añejo solar con la presencia y revalorización de los edificios históricos existentes que son la Iglesia y su Recova. Este espacio urbano conforma un hito muy arraigado en la memoria colectiva de los habitantes del barrio de Belgrano.

La antigua Recova, construida en 1851, aún conserva sus gruesos pilares de ladrillo, sus molduras, su clásica arcada de arquitectura italiana, y es el punto de partida de la propuesta arquitectónica.

La nueva construcción se levanta como una "caja" ladrillera formada por sus medianeras originales. Dentro de esta caja se ubicaron, dos locales gastronómicos: una cafetería, "El Café de la Redonda", y un restaurante de pastas, "Marco Polo", y en el primer piso un salón de fiestas, en construcción.

El patio central, un amplio espacio de doble altura, alberga el área de mesas con un imponente lucernario de vidrio ubicado estratégicamente para poder contemplar la cúpula de la iglesia. Al frente, una gran vidriera mira hacia la Recova y la plaza.

La presencia de la luz, la continuidad Recova-plaza con su añosa arboleda, la iglesia con su columnata y su imponente cúpula, crean un lugar único dentro de la ciudad, un ámbito en el cual el pasado y el presente cohabitan y dialogan.

Finalmente, el hallazgo durante la excavación de un sótano y una antigua cisterna, dio vida a "un recorrido a través de la historia", creando un área de exposiciones como parte de una propuesta no solamente comercial sino también cultural.

The main purpose is to rediscover this old mansion among the existing historic buildings, such as, the Church and its Arcade. This urban space is very dear to the collective memories of residents in the Belgrano neighborhood.

The old Arcade, built in 1851, still has its thick brick pillars, its molding, and classical Italian arcade architecture. It is the starting point for the design project.

The new construction was erected as a brick frame made up by the original partitions. Two food shops were located in this frame: one, "The Redonda Cafe", coffee shop, and "Marco Polo", a pasta restaurant, and on the first floor, a salon for parties is under construction.

The central patio, a high large space, has tables with impressive glass lights located so one can contemplate the Church's cupola. In the front a huge glass case faces the Arcade and the plaza.

The presence of light, the continuity of the Arcade - Plaza with its old tress, the Church with its columns and eye-catching cupola, create a unique place in Buenos Aires, a place where the past and the present live side by side and talk to each other.

Finally the discovery of a basement and old well while excavating has breathed life into the phrase a "walk with history". It created an area for exhibitions with a commercial and cultural purpose.

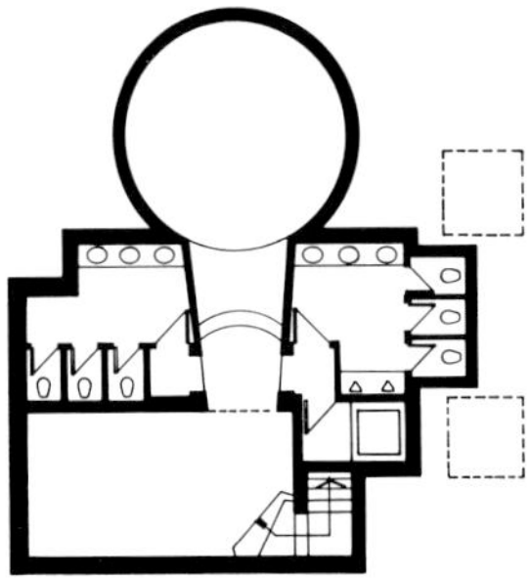

PLANTA SOTANO / BASEMENT PLAN

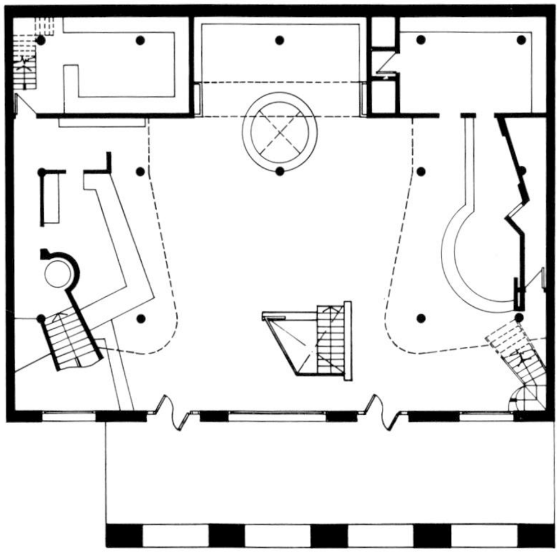

PLANTA BAJA / GROUND FLOOR

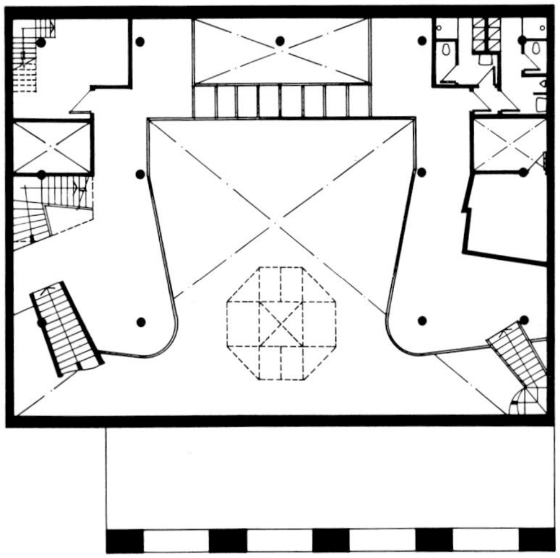

PLANTA 1º PISO / FIRST FLOOR PLAN

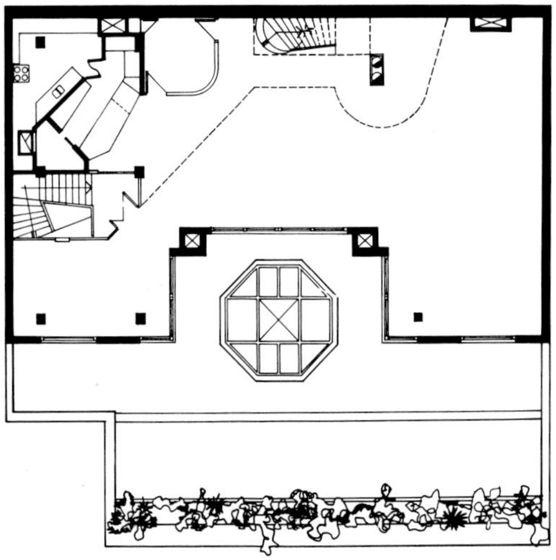

PLANTA 2º PISO / SECOND FLOOR PLAN

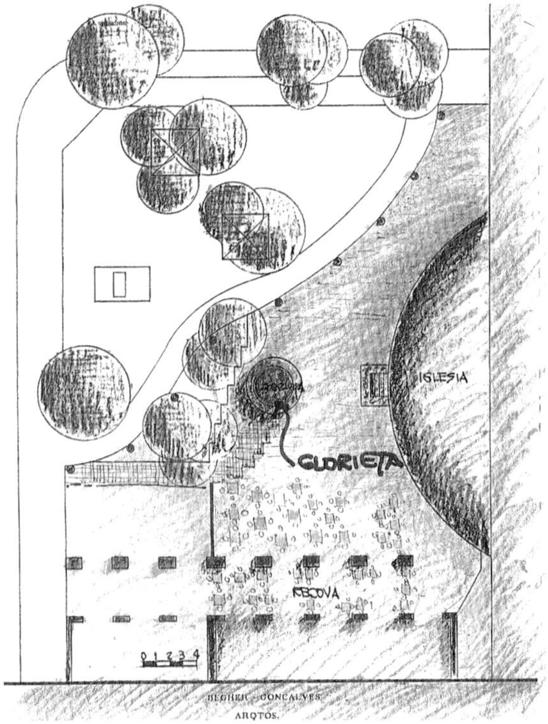
IGLESIA
GLORIETA
RECOVA
0 1 2 3 4
BEGHER - GONCALVES
ARQTOS.

BARCELONA CAFE

Desde el punto de vista de la propuesta estética, Barcelona Café ofreció en el momento de su apertura (10 de noviembre de 1991) un nuevo aire a la gastronomía de servicio ágil.

El objetivo comercial del emprendimiento fue atraer a un público joven durante la mayor cantidad de horas en los siete días de la semana. Era necesario poner énfasis en el diseño de cada parte plasmando el espíritu de los años 90.

El local era angosto y largo. Para superar esta limitación se duplicó la abertura del frente en su altura y se practicó una claraboya al final del salón ganando iluminación natural y relación visual con la cúpula de la iglesia redonda de Belgrano.

El proyecto debía comunicar actualidad tanto en la imagen cuanto en su funcionalidad. Para ello se dispuso una sectorización de usos no tradicional que supuso un riesgo importante.

La barra se ubicó adelante con algunas mesas de apoyo y el salón de atrás. Esto se enfatizó con el tratamiento del solado que recibe al público de la vereda diferenciándose en material y nivel del salón general; pero lo más importante es el diálogo entre el bar emplazado casi en la calle y el austero reloj que nos mira desde el fondo del local.

La fachada se recorta del confuso frente de esa vereda de Juramento comunicando los signos y el logo de Barcelona Café (inspirados en el minimalismo de Miró) sobre un limpio y definido campo geométrico rojo.

ARQUITECTOS / ARCHITECTS:
ESTUDIO KICHERER - BARDACH ARQUITECTOS
COLABORADORES / COLLABORATORS:
DIEGO BORD - JAVIER CHIOZZA - OSCAR NEIRA, ARQUITECTOS
FOTOGRAFIAS / PHOTOGRAPHIES:
LUIS ABREGU
UBICACION / LOCATION:
CAPITAL FEDERAL
AREA DEL TERRENO / LOT AREA:
150 m^2 + DELIVERY
AREA DEL PROYECTO / BUILDING AREA:
260 m^2
AÑO DEL PROYECTO / PROJECT DESIGN:
1991
AÑO DE CONSTRUCCION / PROJECT CONSTRUCTION:
1991

From an aesthetic viewpoint, Barcelona Cafe offered something new in quick food service when it opened in November 10, 1991.

Its objective was to attract as many young people during as many hours as possible seven days a week. Emphasis was placed on having the design go along with the 90s spirit.

The place was narrow and long. To overcome this problem, the front entrance was doubled in height and a skylight was put in the back of the room to obtain natural light and a view of the Belgrano church's cupola.

The project had to be both up-to-date and functional. In order to achieve that, they decided to employ a non-traditional division of uses that was quite risky.

The bar was placed up front with a few tables and the salon in back. A different design (both in material and level) was given to the reception area. But the most important is the dialogue between the bar located practically in the street and the austere clock looking at us from the back of the cafe.

The front stands out from the confusing Juramento sidewalk. The signs and logo of the Barcelona Cafe (based on Miró's minimalism) are set in a clean and defined red geometric design.

At night the cafe plays its strongest card, showing passers-by a happy place full of life.

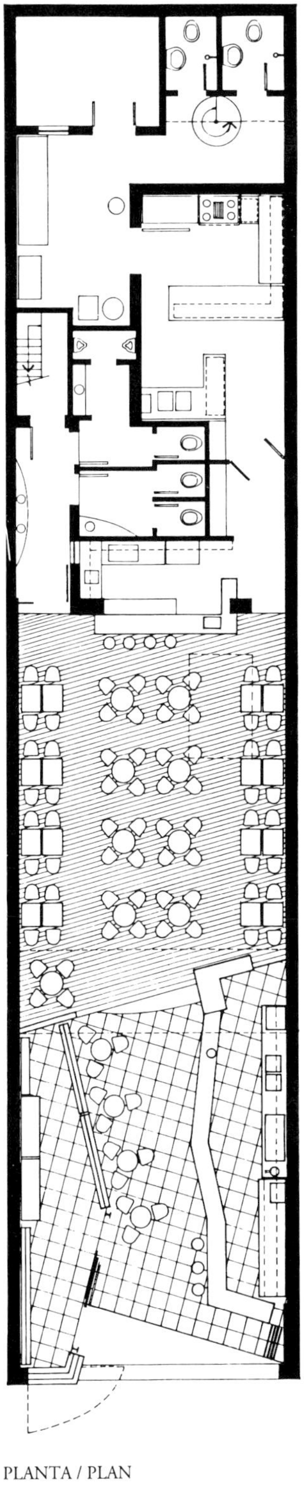

PLANTA / PLAN